U0526291

中国人民大学科学研究基金
（中央高校基本科研业务费专项资金资助）
项目成果

"新阶段，新认知"系列

王秀芝 等 著

中国应急预算制度构建

Construction of Emergency Budget System in China

中国社会科学出版社

图书在版编目（CIP）数据

中国应急预算制度构建 / 王秀芝等著 . —北京：中国社会科学出版社，2021.12

ISBN 978 – 7 – 5203 – 8784 – 2

Ⅰ.①中… Ⅱ.①王… Ⅲ.①突发事件—公共管理—国家预算—预算管理—研究—中国　Ⅳ.①D630.8

中国版本图书馆 CIP 数据核字（2021）第 147056 号

出 版 人	赵剑英
责任编辑	马　明
责任校对	任晓晓
责任印制	王　超

出　　版	中国社会科学出版社
社　　址	北京鼓楼西大街甲 158 号
邮　　编	100720
网　　址	http://www.csspw.cn
发 行 部	010 – 84083685
门 市 部	010 – 84029450
经　　销	新华书店及其他书店
印　　刷	北京明恒达印务有限公司
装　　订	廊坊市广阳区广增装订厂
版　　次	2021 年 12 月第 1 版
印　　次	2021 年 12 月第 1 次印刷
开　　本	710×1000　1/16
印　　张	16.25
插　　页	2
字　　数	192 千字
定　　价	86.00 元

凡购买中国社会科学出版社图书，如有质量问题请与本社营销中心联系调换
电话：010 – 84083683
版权所有　侵权必究

总　　序

2020年伊始，百年不遇的新冠肺炎疫情开始席卷全球。疫情暴发后，以习近平同志为核心的党中央充分发挥社会主义集中力量办大事的制度优越性，采取各种坚决有力的措施，成功地遏制了疫情蔓延，以人民至上、生命至上的抗疫精神写就了伟大的抗疫史诗。中国在统筹疫情防控和经济社会发展取得重大成果、决战脱贫攻坚取得决定性胜利的同时，面对世界百年未有之大变局，明确主张各国应当走团结合作、共克时艰之路。新冠肺炎疫情给世界各国人民生命、财产造成巨大损失，也暴露出当前全球治理体系的一系列问题：强权政治、冷战思维沉渣泛起，单边主义、保护主义逆流横行，以联合国为核心的国际秩序遭受冲击与挫折；个别国家领导层不是设法出台有效政策加强防控，而是竭力向外推卸责任；民粹主义、排外主义和反智主义思潮甚嚣尘上；等等。面对少部分国家将疫情政治化、病毒标签化的错误行径，中国坚定回击任何对中国制度与中国道路的造谣抹黑，坚定推动构建人类命运共同体。

今天，我们强调要讲好"中国故事"，既不能仅仅满足于以中国共产党一次又一次的成功、一个又一个的成就来讲述"中国就是能"，也不能脱离中国实践空谈不切实际的学术理论。要讲好中国故事，既要从理论上逻辑严谨地回答"中国道路为什么行"，又要讲清中国实践操作与理论的一致性及其细节细微之处蕴含的道理学理哲理。只有这样，才能阐述清楚"中国共产党为什么'能'""马克思主义为什么'行'""中国特色社会主义为什么'好'"，中国发展模式与发展道路才能成为有志于建立国际政治经济新秩序的国家心甘情愿学习与借鉴的对象。

回顾历史，我们认为抗击疫情是对中国特色社会主义制度的总体检阅，体现出中国特色社会主义道路、新型举国体制有着其他国家不可比拟的制度优势。基于历史发展规律与中国的探索，深入总结中国抗疫经验，有助于我们不断增强"四个意识"，坚定"四个自信"，做到"两个维护"。

第一，坚持马克思主义理论的科学指引，坚持中国共产党的正确领导。习近平总书记在纪念马克思诞辰200周年大会上的讲话中指出，"马克思主义不仅深刻改变了世界，也深刻改变了中国"[①]。马克思主义深刻阐释了人类社会发展的普遍规律和必然趋势，指明了无产阶级实现自由和解放的道路。百年来，中国共产党正是坚持马克思主义的指导，坚定马克思主义的信仰，不断推进马克思主义基本原理同中国实际相结合，成就了百年伟业。信仰信念任何时候都至关重要，在习近平新时代中国特色社会主义思想的指引下，中国取得抗疫的伟大胜利，取得了全面脱贫攻坚的伟大胜利，取得了全面建设小康社会的伟大胜利。习近平新时代中国特色社会主义思想是马克思主义中国化的最新成果，不仅丰富和发展了马克思主义，实现了理论和实践的良性互动，展现了马克思主义的科学属性和真理力量，也诠释了马克思主义理论

---

① 习近平：《在纪念马克思诞辰200周年大会上的讲话》（2018年5月4日），人民出版社2018年版，第11页。

强大的引领力和阐释力,并成为中国人民能够战胜疫情的精神力量。

第二,坚持以人民为中心,坚持生命至上。中国共产党一直把坚持群众路线,一切为了群众,一切依靠群众,从群众中来,到群众中去作为干事创业的基本准则。中国政府的所有决策,都是为了人民的长远利益,为了引导、促进、发挥群众追求解放的主观能动性。中国共产党始终将人民利益放在第一位,将增进人民福祉作为治国理政的目标。中国共产党来自于人民,党的根基和血脉在人民,为人民而生,因人民而兴,始终同人民在一起,为人民利益而奋斗,是我们党立党兴党强党的根本出发点和落脚点。[①]"人民立场是中国共产党的根本政治立场,是马克思主义政党区别于其他政党的显著标志"[②],大疫面前,习近平总书记坚定地指出,"人民至上、生命至上,保护人民生命安全和身体健康可以不惜一切代价"[③],"人民至上"也成为中国成功控制疫情,快速恢复社会、经济秩序的制胜法宝。

第三,坚持走中国特色社会主义道路,发挥社会主义制度优越性。中国特色社会主义道路是历史的选择、人民的选择,适应了中国的实际情况。中国特色社会主义制度和国家治理体系始终把整体利益置于首位,集中力量办大事的新型举国体制让中国在面临如新冠肺炎疫情的危机时临危不乱,渡过难关。历史经验告诉我们,在相似的生产力水平之下,人类组织的竞争力就体现为其组织水平,在人类面临如同新冠肺炎疫情这样的危机或要解决

[①] 参见习近平《在党史学习教育动员大会上的讲话》,《求是》2021年第7期。
[②] 习近平:《在庆祝中国共产党成立95周年大会上的讲话》,人民出版社2016年版,第18页。
[③] 《习近平在参加内蒙古代表团审议时强调:坚持人民至上,不断造福人民,把以人民为中心的发展思想落实到各项决策部署和实际工作之中》,《党建》2020年第6期。

的生产力问题比较明确时，中国特色社会主义制度就有其必然的优越性。中国特色社会主义制度是新中国成立后数十年取得西方发达国家几百年成就的内在动因，也是中国抗疫行动取得战略性胜利的原因。在中国特色社会主义指引下，需要以正确的方式方法、执行手段，将这种制度优势落实到具体问题的解决进程之中。中国制度的优越性体现在政策制定导向的方方面面，教育与科技以人为本、基建与科研以发展为目标、金融支持实体经济、充分调动市场、发挥有为政府与有效市场作用等都是中国政策导向的体现。

同时，新冠肺炎疫情的溯源是一个科学问题，要由科学家群体按科学规律进行相关科研工作。新冠肺炎疫情给人类社会造成重大伤害——经济停滞乃至倒退、人口减少、国际社会交流冻结等，这是对各国制度体制进行总体检验的大事件。疫情暴发后，各国基于本国社会制度、文化心理、经济与科技发展水平等现实条件，出台了相应的财政金融政策、各项应急法律制度，开发与综合运用大数据技术、算法，基于生物医药技术开发疫苗，制定并实施了多项疫情防控模式。对各国疫情防控模式进行比较，对各项政策措施、科技运用体制进行对比分析，从中发掘面对重大外部冲击与危机时不同应对方式的优势劣势，有助于人类未雨绸缪，在和平年代做好应对危机的准备，这就是本套丛书出版的基本出发点。

2021年是中华民族伟大复兴进程中具有历史性意义的一年，既是中国共产党成立100周年，也是中国"十四五"规划的开局之年。当前，全球大国进入科技与体制全面竞争的年代，人类命运共同体是人类文明璀璨的未来。本套丛书的出版，有助于人们从根本上理解中国道路、理解中国共产党的执政历程及方针政策，也为回答"为什么中国能、为什么中国共产党能""为什么中国、中国共产党过去能，而且将来仍然能"等问题提供了相应的解释。以中国实践为指南构筑人类命运共同体，必将给世界各国带来一种真正以人为本、追求人类全方位发展与解放的全新的全球化道路。

编委会

2021 年 9 月 10 日

前　言

2020年1月，一场席卷全球的新冠肺炎疫情突如其来，各国的经济社会运行遭受了重大冲击。综观古今中外，我国是世界上自然灾害最为严重的国家之一，且灾害种类多，分布地域广，发生频率高，造成损失重，这是一个基本国情。同时，我国各类事故隐患和安全风险交织叠加、易发多发，影响公共安全的因素日益增多。加强应急管理体系和能力建设，既是一项紧迫任务，又是一项长期任务。应急管理作为国家治理体系和治理能力的重要组成部分，承担防范化解重大安全风险、及时应对处置各类灾害事故的重要职责，担负保护人民群众生命财产安全、维护社会稳定和国家整体安全的重要使命。财政作为国家治理的基础和重要支柱，政府预算作为国家治理体系和治理能力的重要载体，必须匹配国家应急管理体系和能力建设。我国目前的应急预算资金分散在一般公共预算的多个项目中，作为政府处置突发事件应急管理的主要财力支撑，对于成功应对重大突发事件，有效化解重大安全风险，起到了非常重要的作用，但应急预算管理与匹配国家治理体系和治理能力现代化建设的要求仍有一定距离，还存在应对突发事件危机的预算制度凸显"分散""临时"性特征，应急预算资金的来源不足以应对突发事件应急管理的支出；应急管理与应急预算对接不力，突发事件发生后需要"现找钱"；应急资金绩效管理和监督管理不到位等主要问题。这些问题的存在，不利于突发事件的及时处置及其损失的控制，对年初安排的各级政府预算形成了较大冲击，对各项事业的正常运转造成了不利影响。

在现代社会，应急管理和预算管理是国家治理的两项重要议题。应急管理，一直以来就是各国政府的固有职责，政府预算作为国家治理能力的体现，是应对突发事件的重要手段。当前，无论是从提升应急管理水平来看，还是从完善政府预算管理来看，建立应急预算管理制度，实现应急管理与预算管理的无缝对接，都是完善我国现代财政制度，提升国家治理能力的必然要求，对于丰富预算改革的相关理论和构建匹配我国国家治理体系和治理能力现代化的现代预算制度具有重要的理论意义和实践价值。

本书共有八章，重点分析建立我国应急预算制度的以下问题。

第一，应急预算的含义是什么，应急预算与应急管理之间是什么关系，建立我国应急预算制度以什么理论支撑。

第二，如何看待应急预算制度在国外的实施情况。不少国家建立了应急预算模式，这些国家的做法能否为我所用。

第三，建立应急预算制度的目的是预防和控制财政风险，为应对各类风险和意外事件提供财力，保障经济社会的总体安全及人民群众生命安全与身体健康。建立我国应急预算制度需要解决哪些问题？对我国来讲，一方面需要学习国外应急预算管理的经验，另一方面必须考虑我国国情，分析我国应急预算管理的现状和问题，建立适合我国国情的应急预算制度。

第四，根据我国国情，借鉴国外应急预算管理的有益做法，探索建立我国应急预算制度切实可行的近期措施和远期目标。

　　政府应急预算管理可以说是一项系统工程，还存在大量的问题有待探讨，本书对于建立我国应急预算制度研究所完成的工作，还只能算是一次探索，不足之处在所难免，我们诚恳地期待读者朋友批评指正。

目 录

第一章 引言 ……………………………………………（1）
 第一节 研究背景及意义 ……………………………（1）
 第二节 国内外研究综述 ……………………………（5）
 第三节 研究框架 ……………………………………（15）

第二章 建立应急预算制度的理论基础 ……………（19）
 第一节 相关概念界定 ………………………………（19）
 第二节 公共产品理论 ………………………………（28）
 第三节 社会扣除理论 ………………………………（33）
 第四节 财政风险理论 ………………………………（38）
 第五节 财政可持续发展理论 ………………………（44）
 第六节 本章小结 ……………………………………（50）

第三章 应急管理与应急预算 ………………………（53）
 第一节 应急管理 ……………………………………（53）
 第二节 应急预算 ……………………………………（73）
 第三节 应急管理与应急预算的关系 ………………（77）
 第四节 本章小结 ……………………………………（82）

第四章 中国应急预算管理现状 ……………………（83）
第一节 应急管理机构运行状况 ………………（83）
第二节 应急预算资金来源 ……………………（101）
第三节 应急预算支出安排 ……………………（110）
第四节 应急预算运行现状 ……………………（112）
第五节 本章小结 ………………………………（116）

第五章 中国应急预算管理存在的问题 …………………（117）
第一节 缺乏细致的执行规范 …………………（117）
第二节 临时性、分散性 ………………………（119）
第三节 中央—地方事权、财权不对称 ………（125）
第四节 资金筹集来源尚需拓宽 ………………（131）
第五节 风险预警机制不完善 …………………（134）
第六节 应急防控资金的预算约束缺位 ………（139）
第七节 本章小结 ………………………………（143）

第六章 建立中国应急预算制度的国际借鉴 ……………（144）
第一节 美国的应急预算管理 …………………（144）
第二节 日本的应急预算管理 …………………（160）
第三节 澳大利亚的应急预算管理 ……………（172）
第四节 国际经验与启示 ………………………（180）
第五节 本章小结 ………………………………（184）

第七章 近期措施：完善当前应急预算管理制度 ………（186）
第一节 改革公共预算 …………………………（186）
第二节 加强应急预算管理的法治化建设 ……（188）

目 录

第三节 优化中央—地方应急管理事权、财权……… （189）
第四节 提升应急预算支出的绩效……………… （191）
第五节 完善预备费制度…………………………… （195）
第六节 优化应急采购制度………………………… （199）
第七节 本章小结…………………………………… （203）

第八章 远期策略：单独设立一本应急预算……… （205）
第一节 应急预算框架设计………………………… （206）
第二节 应急预算编制与审批……………………… （212）
第三节 应急预算执行……………………………… （214）
第四节 应急决算…………………………………… （218）
第五节 应急预算绩效评价………………………… （219）
第六节 应急预算监督……………………………… （228）
第七节 本章小结…………………………………… （232）

参考文献…………………………………………… （234）

后 记……………………………………………… （245）

第一章 引言

第一节 研究背景及意义

一 研究背景

（一）突发事件应急管理是国家治理体系和治理能力的重要组成部分

2019年11月，习近平总书记在主持中共中央政治局第十九次集体学习时指出，应急管理是国家治理体系和治理能力的重要组成部分，承担防范化解重大安全风险、及时应对处置各类灾害事故的重要职责，担负保护人民群众生命财产安全和维护社会稳定的重要使命。[①] 作为非常态的管理活动，突发事件应急管理在国家治理体系和治理能力中举足轻重。国家治理体系和治理能力现代化是常态治理体系和治理能力现代化与非常态治理体系和治理能力现代化的统一体。财政作为国家治理的基础和重要支柱，科学的财税体制是优化资源配置、维护市场统一、促进社会公平、实现国家长治久安的制度保障，财税体制必须匹配国家治理体系和国家治理能力，应急预算管理作为国家治理体系的重要工

---

① 《习近平在中央政治局第十九次集体学习时强调：充分发挥我国应急管理体系特色和优势，积极推进我国应急管理体系和能力现代化》，《中国应急管理》2019年第12期。

具，必须服从、服务于国家治理体系和治理能力现代化建设的需要，必须匹配国家应急管理。

（二）突发事件频发需要有稳定的财政预算资金应对

应急管理是人类社会发展面临的共同挑战。进入21世纪以来，全球应急突发事件频繁发生，影响范围广，破坏程度重。我国是世界上自然灾害最为严重的国家之一，灾害种类多，分布地域广，发生频率高，造成损失重，这是一个基本国情。同时，我国各类事故隐患和安全风险交织叠加、易发多发，影响公共安全的因素日益增多。一是重大自然灾害，主要包括重大水旱灾害、气象灾害、地震灾害、地质灾害、海洋灾害、生物灾害和森林草原火灾等，如2008年汶川特大地震灾害、2010年甘肃舟曲特大泥石流灾害等。二是重大事故灾难，主要包括各类重大安全事故、交通运输事故、公共设施和设备事故、核辐射事故、环境污染和生态破坏事件等，如2011年甬温线动车追尾事故等。三是重大公共卫生事件，主要包括重大传染病疫情、群体性不明原因疾病、食品安全、职业危害、动物疫情，以及其他严重影响公众健康和生命安全的事件，如2003年"非典"疫情、2013年H7N9型禽流感、2020年1月新冠肺炎疫情等。四是重大社会安全事件，主要包括恐怖袭击事件、民族宗教事件、经济安全事件、群体性事件、涉外突发事件等，如2008年美国次贷危机引发的全球金融危机等。因此，加强应急管理体系和能力建设，既是一项紧迫任务，又是一项长期任务。应急管理属于政府兜底的基本公共服务，需要充分发挥财政作为国家治理的基础和重要支柱在应急管理中的职能作用，大力提供公共产品和公共服务有效供给，织好社会稳定的"防护网"，财政必须提供应急管理体系和能力建设的财力支撑，并通过改革和完善应急预算制度进行长期、稳定的应急预算资金安排。

(三) 我国突发事件财政应急预算的现实状况

我国目前的应急预算资金的来源和拨付是包含在一般公共预算之中的,作为政府处置突发事件应急管理的主要财力支撑,应急预算资金起到了非常重要的作用,但仍然存在以下问题。

第一,应急预算资金的来源不足以应对突发事件应急管理的支出。目前我国财政预算用于应对突发事件的常规资金来源可以分为三个部分,一是一般公共预算财政支出中的灾害防治和应急管理支出。二是预备费,根据《中华人民共和国预算法》(以下称《预算法》)第四十条规定,各级一般公共预算应当按照本级一般公共预算支出额的百分之一至百分之三设置预备费,用于当年预算执行中的自然灾害等突发事件处理增加的支出及其他难以预见的开支。2019年中央政府本级财政预算支出为35395亿元,预备费占比为1.41%。[1] 三是预算稳定调节基金,《预算法》第四十一条规定,各级一般公共预算按照国务院的规定可以设置预算稳定调节基金,用于弥补以后年度预算资金的不足。2019年中央预算稳定调节基金余额966.44亿元,约为中央政府本级财政预算支出的2.73%。[2] 这些资金来源应对突如其来的诸如新冠肺炎疫情的重大公共卫生事件是远远不够的。

第二,应急管理与应急预算对接不力。我国现行的预算制度在应急管理方面的安排主要是应对其中的常规性支出,如应急管理部门的人员工资和办公经费等,对于突发事件的资金安排尚未

---

[1] 数据来源:财政部预算司,http://yss.mof.gov.cn/2019zyczys/201903/t20190329_3209184.htm,2020年11月2日。

[2] 刘昆:《国务院关于2019年中央决算的报告——2020年6月18日在第十三届全国人民代表大会常务委员会第十九次会议上》,《中华人民共和国全国人民代表大会常务委员会》2020年第3期。

制定系统的应急预算制度，长期以来，按照"特事特办、急事急办"原则拨款，按照"一事一议"来筹措资金，发出"一方有难、八方支援"的号召，由全国各省份自筹资金支援灾区。不可否认，这些应对措施取得了较好的效果，但也存在不利的影响：一是年初预算安排的预备费和预防性公共支出较少，突发事件发生后需要"现找钱"，不利于突发事件的及时处置及其损失的控制；二是往往对年初安排的各级政府预算形成较大冲击，进而对各项事业的正常运转造成不利影响。

第三，应急资金绩效管理和监督管理不到位。应急资金分配时缺少项目支出可行性分析，没有编制绩效目标，不利于事后开展绩效评价。在应急资金的运作中，重分配过程、轻使用结果，专款专用监管缺位；难以杜绝损失浪费现象。

因此，我国迫切需要建立应急预算制度，防范和化解突发事件带来的财政风险，将突发事件带来的财政风险纳入国家财政风险管理框架，以避免政府财政责任变为仅仅是事后买单。

二 研究意义

2016年7月28日，习近平总书记在河北唐山考察时指出："防灾减灾救灾事关人民生命财产安全，事关社会和谐稳定，是衡量执政党领导力、检验政府执行力、评判国家动员力、体现民族凝聚力的一个重要方面。"[1] 国内外的实践表明，以防灾减灾救灾为主要内容的应急管理，一直以来就是各国政府的固有职责，政府预算作为国家治理能力的体现，是应对疫情的重要手段。换言之，在现代社会，应急管理和预算管理是国家治理的两项重要

---

[1]《落实责任完善体系整合资源统筹力量　全面提高国家综合防灾减灾救灾能力》，《人民日报》2016年7月29日。

议题。当前，无论从提升应急管理水平来看，还是从完善公共预算管理来看，通过构建应急预算管理制度，实现应急管理与公共预算管理的无缝对接，是完善我国现代财政制度，提升国家治理能力的必然要求。同时，应急预算管理制度的建立是实现以确定性手段来应对不确定性风险的重要举措，是实现国家长治久安的重要保证。

本书拟站在国家治理现代化视角下审视和完善我国应急预算管理制度的理论分析基础，按照新型财政支持模式与应急管理体系匹配发展的目标，从理论与实际相结合的研究框架出发，为我国现代化应急预算管理制度建设与完善提供具体研究路径，同时，基于我国突发事件财政应急预算的现实状况及存在问题，借鉴国外应急预算管理的经验，深入对比分析世界各国应急预算管理模式的优劣性，结合我国国情，提出建立我国应急预算制度的近期措施和远期策略，可以为建立我国应急预算制度提供智力支持与决策参考，对于丰富预算改革的相关理论和构建匹配我国国家治理体系和治理能力现代化的现代预算制度具有重要的理论意义和实践价值。

第二节 国内外研究综述

一 国外研究综述

国外对应急财政管理的相关研究开始得较早，其研究的动力也是来自本国应急管理实践的经验和教训，主要从以下几个角度进行了研究。

（一）公共危机管理

Hopmann 和 Hermann 的《国际危机：行为研究视角》是对公

共危机管理研究较早的代表著作之一。[1] Dynes 和 Quarantelli 则从社会学的角度对各类灾害的紧急应对进行了研究,包括救灾过程中的社会组织和政府部门作用和灾后恢复重建的心理救助等方面,强调了公共部门和社会力量的作用。[2] Rosenthal 等阐述了不同形式的危机管理的共同点以及不同应对方式的异同点。[3] Drabek 和 McEntire 介绍了灾害社会学的研究背景和相关概念。认为灾害应对中需要各个行为主体共同参与,而不仅仅强调指挥控制管理模式。[4] Knight 最早将风险理论引入经济学领域,主要研究风险的不可度量性。[5]

（二）法律保障

从法律保障角度,Cigler 认为财政应急管理是一个完善政策和实施计划的过程。[6] Williams 等认为应编制应急预案并建立有效的应急行动中心。[7] Landesman 等认为一般突发事件可以由政府根据计划进行资源调配,当突发事件向更高级别转化时,应该采取非常规的程序实施救援,或者采取特定权利去控制突发事件的

---

[1] Hopmann, P. T. and C. F. Hermann, "International Crises: Insights from Behavioral Research", *The American Political Science Review*, Vol. 68, No. 4, 1974.

[2] Dynes R. R., Quarantelli E. L., *Helping Behavior in Large Scale Disasters*, Disaster Research Center, 1980, pp. 1 – 18.

[3] Rosenthal, U., Charles, M. T., Hart, P. T., *Coping with Crises: The Management of Disasters, Riots and Terrorism*, Springfield: Charles C. Thomas Publisher, 1989.

[4] McEntire, David A., "Searching for a Holistic Paradigm and Policy Guide: A Proposal for the Future of Emergency Management", *International Journal of Emergency Management*, Vol. 1, No. 3, 2003.

[5] [美] 弗兰克·H. 奈特:《风险、不确定性与利润》,安佳译,商务印书馆 2006 年版。

[6] Cigler, B. A., *Emergency and Public Administration*, Springfield: Charles C. Thomas Publisher, 1998.

[7] Williams G., Batho S., Russell L., "Responding to Urban Crisis: The Emergency Planning Response to the Bombing of Manchester City Centre", *Cities*, Vol. 17, No. 4, 2000.

蔓延，这一研究开始意识到对突发事件的分级管理。[1] McEntire 等认为只有制定相应的法律法规，应急管理者才能很好地履行自身的职责。从财政在应急管理中的作用的角度，贝克等提出了风险社会的概念和理论，认为与市场有关的制度为风险行为提供了激励，各种公关制度为人类安全提供了保护，也意识到公关财政介入应急管理的重要性。[2]

（三）应急管理中政府间关系划分

从政府间关系角度，Saundra 探讨了联邦、州和地方政府在自然灾害中的责任，各级政府都参与制定应急管理程序，在灾害发生时实施救助。地方政府是实施灾害救助的第一个环节。提出灾害应对中政府间关系的三种模式：一是"自上而下"的模式，当州或地方政府无力或者不愿处理严重的危机时，由联邦政府行使权力；二是称为"混乱"的模式，即来自不同级次的政府的不同机构在危机中采取类似的行动方案，相互间没有协调，也无法判断是哪级政府的责任；三是称为"共同治理"，即系统自下而上运作，从地方到联邦都做出应对，但实际上并没有采取有效的应对恢复工作。[3] Amy 和 Philip 运用政府间关系理论研究政府在灾害减轻、预防、应对以及恢复中的作用，认为现行的联邦预算强调在灾害应对和恢复方面的支出，忽视了灾害减轻和灾害预防方面的支出，因此建议完善预算编制，使各级政府支出更加符合

---

[1] Landesman, L. Y. and R. V. Burke, *Public Health Management of Disasters: The Practice Guide*, Washington D. C.: American Public Health Association, 2001.

[2] McEntire, David A., "Searching for a Holistic Paradigm and Policy Guide: A Proposal for the Future of Emergency Management", *International Journal of Emergency Management*, Vol. 1, No. 3, 2003.

[3] Schneider S. K., "FEMA, Federalism, Hugo, and'Frisco", *Publius The Journal of Federalism*, Vol. 20, No. 3, 1990, pp. 97–115.

自身能力。① Mushkatel 和 Weschler 论述了政府的政策体系在应急管理中的重要性，在美国，州和地方政府在应急管理中拥有很大的自主权，但是筹集资金的能力却受到很多限制，面临财政困境，在应急服务机构方面高度依赖联邦资金。因此，联邦应急管理局需要更详细地了解受灾地区的政治、资源和财政能力等，更好地利用州和地方政府的资源。在应急管理中联邦政府承担领导职责，在分权的基础上更加强调横向协调与合作。②

（四）多边合作

从多边合作角度，William 提出综合的应急管理体系需要各个学科各个领域共同合作，也必须明确具体谁负责、谁付费、谁控制等问题，这样才能有效减少灾害带来的痛苦和损失。③ Vageesh 和 Jain 认为，为了有效应对全球公共卫生突发事件，需要来自政府、多边机构以及非政府组织等共同参与，为全球应对疫情提供大量财政资源。世界卫生组织（WHO）在其中扮演重要角色。④

二 国内文献综述

国内对应急财政相关的研究在 2003 年"非典"（SARS）事件以及 2008 年汶川地震后才得到足够重视，主要从以下几个角度进行了研究。

---

① Donahue, A. K. and P. G. Joyce, "A Framework for Analyzing Emergency Management with an Application to Federal Budgeting", *Public Administration Review*, Vol. 61, No. 6, November/December 2001, p. 730.

② Alvin H. Mushkatel and Louis F. Weschler Source, "Emergency Management and the Intergovernmental System", *Public Administration Review*, Vol. 45, Jan. 1985, pp. 49–55.

③ William J. Petak, "Emergency Management: A Challenge for Public Administration", *Public Administration Review*, Vol. 45, Jan. 1985, pp. 3–7.

④ Vageesh and Jain, "Financing Global Health Emergency Response: Outbreaks, Not Agencies", *Journal of public health policy*, December, 2019, pp. 196–204.

(一) 建立公共财政应急机制

国内对应急财政管理首先关注的是建立公共财政应急反应机制。刘尚希、陈少强提出从理论设计、近期对策和长期措施三个方面构建我国公共财政应急反应机制。[①] 王东生以 SARS 疫情为契机，提出调整财政收入结构，改进财政支出方式，完善公共财政体系。[②] 周旭霞、包学松通过透视"非典"危机提出构建资金的筹集系统、资金的使用系统和资金的网络系统三个基本框架，进而构建公共财政应急机制。[③] 赵要军、陈安通过对我国地震应急组织体系及财政应对地震类灾害的流程分析，提出建立财政应急机制，并以云南大姚地震为例，对财政应急支持过程进行回顾，分析财政应对地震类突发事件存在的问题，提出完善财政应急支持体系。[④] 刘荣、陈华从公共财政角度，探讨突发性公共危机事件的应急机制管理，从危机前的预警防范、危机中的应对及危机后的重建三个方面构建财政应急管理体系。[⑤] 刘笑萍通过对俄罗斯预算稳定基金在全球金融危机中发挥的作用进行分析，提出完善我国预算稳定基金管理，建立财政应急储备机制。[⑥] 郑洁结合我国转轨时期经济社会特征，通过对我国财政应急管理机制的现状分析，比较借鉴国外先进经验，提出构建我国应对突发公

[①] 刘尚希、陈少强：《构建公共财政应急反应机制》，《财政研究》2003 年第 8 期。
[②] 王东生：《从 SARS 疫情看公共财政建设》，《山西财税》2003 年第 8 期。
[③] 周旭霞、包学松：《构建公共财政应急机制》，《中共杭州市委党校学报》2003 年第 5 期。
[④] 赵要军、陈安：《公共财政应急支持体系构建——以云南大姚地震为例》，《西北地震学报》2008 年第 2 期。
[⑤] 刘荣、陈华：《公共危机财政应急机制构建：以汶川地震为例》，《地方财政研究》2008 年第 6 期。
[⑥] 刘笑萍：《借鉴国际经验建立我国财政预算的应急储备机制》，《经济社会体制比较》2009 年第 1 期。

共事件的财政应急管理体制。① 陈治通过对我国财政应急机制进行反思,从构建财政应急预算制度、完善财政运行制度和改革财政应急管理制度三个方面重构我国财政应急机制。②

(二) 应急财政资金管理

温海滢通过对我国突发性公共事务的财政投入现状进行分析,发现存在总量投入不足、预备费流量式管理、事前投入不足和缺乏监督和效益评价机制问题。③ 王振宇在汶川自然灾害后对我国财政作用机制进行反思,从财政投入角度提出构建自然灾害的财政投入机制、健全鼓励捐赠的税收制度、完善横向转移支付、整合各类捐赠资源、构建多元筹资机制以及保障乡村组织的财力基础。④ 闫天池、李宏认为需要关注以"一案三制"为核心的基本框架对构建相应的应急财政保障机制的基本要求,结合我国当前应急财政资金管理的现状,加强预备费制度的管理与改革,建立应急财政资金的效益评级机制,改革预算管理制度和转移支付制度。⑤ 武玲玲、常延岭和彭青认为当前我国应急财政资金使用中存在常规资金规模偏小、筹集比例不合理、资金管理不完善、资金使用缺乏监督等问题,应从完善应急财政资金预算管理制度、拓宽筹资渠道、优化应急财政资金的拨付和使用程序以及健全应急财政资金的监管制度等方面,完善我国应急财政管

---

① 郑洁:《突发公共事件的财政应急管理机制研究》,《财经问题研究》2013 年第 4 期。
② 陈治:《我国财政应急机制的反思与重构》,《经济法论坛》2014 年第 2 期。
③ 温海滢:《论中国突发性公共事务的财政投入方面存在的问题与对策》,《经济纵横》2006 年第 7 期。
④ 王振宇:《汶川自然灾害与财政作用机制的合理构建》,《地方财政研究》2008 年第 6 期。
⑤ 闫天池、李宏:《应对突发事件的财政保障机制研究》,《中央财经大学学报》2012 年第 12 期。

理。①苏明、王敏通过梳理我国应急管理财政支出政策现状，提出完善应急管理财政支出政策的政策建议，如完善各级政府间应急管理的事权和财政责任分担机制、加大预防性财政支出、建立应急预算制度、完善预备费制度、优化应急管理支出结构、建立巨灾保险制度等。②马蔡琛、隋宇彤通过分析财政预备费管理的由来、现状与挑战，借鉴国际财政预备费管理的经验，提出我国财政应急性资金的管理改革可以从合理设置预备费比例、优化管理方法等方面加以改进。③

（三）法律保障

学者们在对我国突发公共事件财政应急管理现状分析过程中发现，法律保障问题也尤为重要。刘尚希、陈少强认为现行法律制度单一，影响统一指挥的效果，容易出现政府随意扩大行政紧急权利，损害公民合法权利。④王东生对SARS疫情中暴露的财政问题进行总结，发现各级财政的危机防范和应对突发事件的能力不足，从资金筹集到财政政策手段运用都缺乏相应的法律支持，公共财政作用难以有效发挥。⑤周旭霞、包学松提出资金的使用系统主要是从完善资金使用的制度性安排，建立并完善相关法律依据，实现预算和分配的效用最大化以及合理安排资金投向。⑥赵要军、陈安指出我国突发事件救灾资金方面的法律法规

---

① 武玲玲、常延岭、彭青：《完善我国应急财政资金管理的途径》，《河北经贸大学学报》2015年第4期。
② 苏明、王敏：《我国应急管理财政支出政策研究》，《中国应急管理》2015年第2期。
③ 马蔡琛、隋宇彤：《预算制度建设中的财政预备费管理：基于国际比较的视角》，《探索与争鸣》2015年第10期。
④ 刘尚希、陈少强：《构建公共财政应急反应机制》，《财政研究》2003年第8期。
⑤ 王东生：《从SARS疫情看公共财政建设》，《山西财税》2003年第8期。
⑥ 周旭霞、包学松：《构建公共财政应急机制》，《中共杭州市委党校学报》2003年第5期。

还不健全，致使地方政府的救助资金长期滞留于财政、民政部门。① 刘荣、陈华以汶川地震为例，探讨构建财政应急管理体系，认为救灾资金方面的法律法规还不健全，没有对地方政府财政专户的一般自然灾害救助资金下拨做出明文规定。② 滕宏庆比较美国和日本的应急预算制度后，提出中央和地方预备费的法制化重构、应急特别预算的法制化安排、应急预算编制的法制化调整，为我国中央和地方政府今后应对突发事件提供可行可考的应急预算法制化供给。③

(四) 中央与地方应急管理事权与财权划分

在中央与地方应急管理事权与财权方面，刘尚希从控制公共风险的角度，提出减少政府对公共风险的失当干预，建立风险管理机制，清晰界定各级政府之间的风险责任，增强政府抗风险能力。④ 周旭霞、包学松提出实行财政一体化，中央、地方财政应该上下一体，相互协调，中央财政对地方财政要具备转移支付能力，地方财政之间要加大横向联系，相互渗透，实现应急资源储备共享。⑤ 刘荣、陈华认为，在以市场为主的资源配置方式中，政府在公共资源配置、解决公共问题方面还存在明显的职能缺位。⑥ 崔军、孟九峰指出在突发公共危机事件后，中央政府与地方政府、地方政府之间以及危机所涉群体之间应如何分担各自的

---

① 赵要军、陈安：《公共财政应急支持体系构建——以云南大姚地震为例》，《西北地震学报》2008年第2期。
② 刘荣、陈华：《公共危机财政应急机制构建：以汶川地震为例》，《地方财政研究》2008年第6期。
③ 滕宏庆：《我国中央与地方政府应急预算法制化研究》，《法学论坛》2011年第3期。
④ 刘尚希：《财政风险：防范的路径与方法》，《财贸经济》2004年第12期。
⑤ 周旭霞、包学松：《构建公共财政应急机制》，《中共杭州市委党校学报》2003年第5期。
⑥ 刘荣、陈华：《公共危机财政应急机制构建：以汶川地震为例》，《地方财政研究》2008年第6期。

成本问题。认为在危机爆发后，有关各方的权利、责任和义务不明确，造成政府在紧急状态下支出不断攀升，也可能造成各方相互推诿与"不作为"等现象的发生。①冯俏彬对我国应急财政资金管理的现状和原因进行分析后，认为中央政府与地方政府之间、政府与社会之间缺乏合理的风险责任分摊机制。②冯俏彬、刘敏和侯东哲对目前我国应急财政管理进行分析，提出建立从中央到地方的多级准备金，将中央与地方的财政救灾关系制度化，明确制定政府财政救灾的项目与标准。③郑洁认为我国公共财政机制不完善，应对突发公共事件的财政投入明显不足，地方政府以过少的财权应对过多的事权。④冯俏彬、郑朝阳立足于财政管理视角，深入分析我国应急物资储备现状，提出明确中央与地方之间应急物资储备的事权与财政责任，规范采购程序，完善财政核算机制及多元化储备方式等政策建议。⑤苏明、王敏梳理我国应急管理财政支出政策现状与问题，提出完善各级政府间应急管理的事权和财政责任分担机制。⑥张学诞、邬展霞梳理国内外应急管理的相关治理理论，分析我国应急管理中财政治理的现状，提出对中央和地方在应急管理中事权与财权如何分配。⑦冯俏彬通过对疫情中我国应急财政制度运行情况的检视，发现我国应急

---

① 崔军、孟九峰：《关于完善我国应急预算管理制度的探讨》，《财政研究》2009年第6期。
② 冯俏彬：《我国应急财政资金管理的现状与改进对策》，《财政研究》2009年第6期。
③ 冯俏彬、刘敏、侯东哲：《我国应急财政资金管理的制度框架设计——基于重大自然灾害的视角》，《财政研究》2011年第9期。
④ 郑洁：《突发公共事件的财政应急管理机制研究》，《财经问题研究》2013年第4期。
⑤ 冯俏彬、郑朝阳：《我国应急物资储备中的相关财政问题研究》，《地方财政研究》2014年第1期。
⑥ 苏明、王敏：《我国应急管理财政支出政策研究》，《中国应急管理》2015年第2期。
⑦ 张学诞、邬展霞：《构建适应中国特色应急管理需求的财政治理体系》，《财政研究》2020年第4期。

财政在"如何给钱?"方面运转良好,做到了不因资金问题影响防控;在"给多少钱?"即受影响群体的救助方面有力有效,但制度化程度稍显不足。但在"钱从何来?"(应急资金准备)、"如何分担?"(应急管理中的中央地方财政关系)这两个方面,则几乎没有多少进步,需要加快改进与完善,以应对高风险事件的来临。①

(五)财税政策角度

苏明、刘彦博介绍国外政府运用财政手段支持国家应急管理的基本状况和我国应急管理中财政作用方式的现状和问题,提出未来运用财政政策支持应急管理的思路和建议。②朱青提出为防控新冠肺炎疫情,国家应加大宏观政策调节力度,加大公共卫生领域的投入力度,及时出台相应财税政策,缓解企业经营困难。③

(六)完善应急预算制度

从完善应急预算的角度,江月通过考察日本救灾预算管理制度,提出在完善现有预备费制度的基础上,建立明确救灾支出项目和标准的法定预算和带有"相机抉择"性质的补正预算制度。④崔军、孟九峰对我国当前应急预算的现状和问题进行分析,探讨完善我国应急预算管理制度。⑤马蔡琛、隋宇彤以预算制度建设中的财政预备费为研究对象,提出扩大财政预备费的计提规模、优化央地政府间的预备费管理方式、提升财政预备费的资金

---

① 冯俏彬:《新冠疫情折射下的我国应急财政管理制度》,《财政科学》2020年第4期。
② 苏明、刘彦博:《我国加强公共突发事件应急管理的财政保障机制研究》,《经济与管理研究》2008年第4期。
③ 朱青:《防控"新冠肺炎"疫情的财税政策研究》,《财政研究》2020年第4期。
④ 江月:《借鉴日本救灾预算管理经验 建立我国救灾预算制度》,《财会研究》2008年第21期。
⑤ 崔军、孟九峰:《关于完善我国应急预算管理制度的探讨》,《财政研究》2009年第6期。

使用绩效。[①] 陈建华以功能、账户和程序三个维度作为主线，着力推动应急预算改革，建立完善应急预算制度。[②]

三　文献述评

总体来看，国外在应急管理方面的研究较为全面，学者们从各自的学术背景出发，结合实际突发事件的情况，从某一个角度或针对某一具体问题进行研究，但针对财政在应急管理中的应用的研究相对较少，大多从政府间关系在应急管理中的作用的角度进行研究。与国外相比，国内研究集中于建立公共财政应急体制、应急财政资金管理问题、法律保障问题、中央与地方应急管理事权与财权划分、完善应急预算制度等几个方面，在研究方法上基本都采用规范分析。同时，国内对应急财政相关的研究在2003年"非典"事件、2008年汶川地震以及2020年年初出现的新冠肺炎疫情后才得到充分重视，研究起步较晚，研究的实施效果也未得到显著证明。这些问题都导致在公共突发事件状态下财政领域面临极大的不确定性。因此，如何将应急管理理论、公共突发事件与财政管理有效结合，构建我国应急预算制度，构筑公共危机应急机制的最后一道屏障，为不确定性的财政领域注入确定性成为当务之急。

第三节　研究框架

本书以建立应急预算制度的理论为切入点，研究了应急管理

[①] 马蔡琛、隋宇彤：《预算制度建设中的财政预备费管理：基于国际比较的视角》，《探索与争鸣》2015年第10期。

[②] 陈建华：《我国应急预算管理体制亟待破题》，《中国财政》2019年第2期。

与应急预算的关系，分析了我国应急预算管理现状及存在的问题，借鉴国外应急预算管理的有益做法，提出了建立我国应急预算制度的近期措施和远期策略。

第一章是引言，主要介绍应急预算制度研究的概况，重点说明三个问题：（1）为什么要研究应急预算制度，研究这个问题的理论意义及现实意义是什么；（2）分析我国建立应急预算制度的必要性；（3）综述国内外应急预算的研究发展状况。

第二章分别从公共产品理论、社会扣除理论、财政风险理论、财政可持续发展理论的角度论述了建立应急预算制度的理论支撑。（1）基于公共产品理论，政府部门作为公共产品和公共服务提供者、公共政策制定者，承担社会管理和公共服务的职能，最大限度减少突发公共事件及其造成的人员伤亡和危害，保障公众健康和生命财产安全是其首要任务，财政部门承担配置社会公共产品和公共服务的职责，从财力保障和政策支持方面给予应急管理支持，并通过应急预算制度做出相关收支安排。（2）基于社会扣除理论，社会扣除是公共产品供给的来源，是提供社会总产品的物质基础，政府通过社会扣除取得收入提供公共产品。包括应对突发公共事件在内的公共安全作为一种公共产品，是政府满足社会公共需求的特定方式，社会扣除构成应急预算的资金来源。（3）基于财政风险理论，突发公共事件的发生、救援及后续处理，都会直接、间接地反映到财政上来，都对财政提出了财力上的要求，一方面，会减少财政收入或使得主要收入来源不稳定，造成政府可调控财力不足，出现财政收入风险；另一方面，突发公共事件产生的新问题使财政支出刚性增长，存在加大财政赤字的风险。为了防范财政风险，亟须建立适应我国国情的应急预算制度，规范突发事件状态下的公共收支安排，为我国财政运行注入确定性。(4) 基于财政可持续发展理论，实现财政可持续发展的基础是保持财政收支平衡，而受突发事件影响，财政支出激增，财政收入下降，给财政可持续发展带来严峻的挑战。建立我国应急预算制度，可以使财政面临突发事件时能够保持预算的持续性，有利于财政可持续发展。

第三章探讨了应急管理与应急预算的关系，通过梳理我国应急管理体系的发展历程，总结了存在的问题，阐述了应急预算作为应对各种突发事件的财力支撑所起的关键作用，需要实现应急预算与应急管理的无缝对接。

第四章是我国应急预算管理现状，分别从我国应急管理机构运行状况、应急预算资金来源、应急预算支出安排及应急预算运行现状四个方面进行了分析，旨在摸清建立我国应急预算制度的"家底"。

第五章是我国应急预算管理存在的问题，分别从预算执行细则不足、预算制度临时性和分散性明显、中央和地方财权与事权不对称、财政应急项目和管理不规范、财政应急预算约束性不足等方面进行了分析，这些不足严重制约着我国当前财政应急能力的提升，亟须进行改革和完善，是建立我国应急预算制度必须解决的主要问题。

第六章是建立我国应急预算制度的国际借鉴，从国际比较的角度探讨美国、日本和澳大利亚在应急预算管理制度的建设情况，归纳了一些可取的经验：(1) 建立相对完备的应急管理法律体系；(2) 明确的应急管理事权和支出责任划分；(3) 设置完备的应急组织体系；(4) 健全的应急预防体系。在立足我国国情的基础之上，这些经验可以作为建立我国应急预算制度的"他山之石"加以借鉴。

第七章是建立我国应急预算制度的近期措施，根据当前我国应急预算制度存在的主要问题，借鉴国际经验，分别从优化应急采购制度、完善预备费制度、提升应急预算支出的绩效、加强应急预算管理的法制化建设、优化中央与地方之间的应急管理事权、财权以及改革公共预算等方面提出了完善我国当前应急预算管理制度的政策建议。

第八章是建立我国应急预算制度的远期策略。从长远来看，建议在我国现行政府预算体系中增设一本应急预算，解决突发事件出现后的"现找钱"问题，将财政风险管理及控制纳入财政管理的目标，本章从应急预算管理流程的视角进行了探讨：在应急预算管理编制方面，规范创新应急预算收支框架，设立国家应急管理基金，作为应急预算的长期稳定的收入来源，对于应急资金设置"一个进口""一个出口"统筹管理。在应急预算执行方面，建议在现行的国库单一账户体系中增设应急预算资金专户，以适用应急预算资金的专款专用、需要紧急快速下达、集中管理、统筹安排等特别要求，并对突发事件发生时的应急拨款和灾后的恢复重建拨款实行特殊转移支付机制，应急预算资金直达基层。在应急预算绩效评价方面，从应急预算绩效评价的原则、应急预算绩效评价的主体与客体、应急预算绩效评价的基本内容、指标及评价标准、应急预算绩效评价的方法、应急预算绩效评价计分、应急预算绩效评价的程序以及应急预算绩效评价结果应用及公开等维度大致勾勒了应急预算绩效评价框架。在应急预算监督方面，分析了应急预算的监督体系及监督方式，梳理了应急预算监督的内容，建议加快实施应急预算监督手段的网络化、信息化，以提高应急预算资金的使用效益。

第二章 建立应急预算制度的理论基础

第一节 相关概念界定

一 突发事件

(一) 突发事件的概念

突发事件,是指突然发生,造成或者可能造成严重社会危害,需要采取应急处置措施予以应对的自然灾害、事故灾难、公共卫生事件和社会安全事件。①

(二) 突发事件的种类

根据突发公共事件的发生过程、性质和机制,《国家突发公共事件总体应急预案》将突发公共事件主要分为以下四类:一是自然灾害,主要包括水旱灾害、气象灾害、地震灾害、地质灾害、海洋灾害、生物灾害和森林草原火灾等;二是事故灾难,主要包括工矿商贸等企业的各类安全事故、交通运输事故、公共设施和设备事故、环境污染和生态破坏事件等;三是公共卫生事件,主要包括传染病疫情、群体性不明原因疾病、食品安全和职

---

① 《中华人民共和国突发事件应对法》(2007年8月30日第十届全国人民代表大会常务委员会第二十九次会议通过),中华人民共和国主席令第六十九号,2007年11月1日。

业危害、动物疫情以及其他严重影响公众健康和生命安全的事件；四是社会安全事件，主要包括恐怖袭击事件、经济安全事件和涉外突击事件等。①

（三）突发事件的分级

《中华人民共和国突发事件应对法》（以下称《突发事件应对法》）按照突发事件发生的紧急程度、发展态势和可能造成的危害程度将突发事件分为一级、二级、三级和四级，分别用红色、橙色、黄色和蓝色标示，一级为最高级别。在总体预案中，根据突发公共事件可能造成的危害程度、紧急程度和发展态势，把预警级别分为4级，特别严重的是Ⅰ级，严重的是Ⅱ级，较重的是Ⅲ级，一般的是Ⅳ级，依次用红色、橙色、黄色和蓝色表示。

（四）突发事件的特征

从突发事件的特征来看，一是具有不确定性，突发事件往往是在意料之外或者计划之外发生，其爆发形式及时间和地点都无法预先把握或预测，具有不确定性；二是具有严重社会影响，突发事件具有分布地域广，造成损失重，救灾难度大，事件多发，危及公众生命、健康和财产安全，威胁生态环境，造成严重的社会影响；三是紧急性，突发事件可能在短时间内迅速爆发，如地震、突发急性传染病等，致使区域范围内所有社会成员遭受损害；四是难以有效预防性，突发事件一般容易超出人们的防御思维，在预防方式、预防力度及预防效果等方面面临极大挑战，一旦发生突发事件，只有在国家、社会和公民的共同努力下，才可能有效防范并化解，将社会损失降到最小。

从突发事件的复杂程度来看，各种风险相互交织，呈现出自

---

① 国务院：《国家突发公共事件总体应急预案》，2006年1月8日。

然和人为致灾因素相互联系、传统安全与非传统安全因素相互作用、既有社会矛盾与新生社会矛盾相互交织等特点。在工业化、城镇化、国际化、信息化推进过程中，突发事件的关联性、衍生性、复合性和非常规性不断增强，跨区域和国际化趋势日益明显，危害性越来越大；随着网络新媒体快速发展，突发事件网上网下呼应，信息快速传播，加大了应急处置难度。同时，在推进全面建成小康社会进程中，公众对政府及时处置突发事件、保障公共安全提出了更高的要求。[①]

（五）突发事件与政府财政之间的关系

从财政收入总量来看，受突发事件影响行业利润减少，是导致财政收入下降的主要原因。突发事件对各个行业的影响一般来说是不均衡的，有的行业受影响较重，有的行业则受影响较轻。

以2020年新冠肺炎疫情对财政收入影响为例，1—9月累计，全国一般公共预算收入141002亿元，同比下降6.4%，其中，中央一般公共预算收入65335亿元，同比下降9.3%；地方一般公共预算本级收入75667亿元，同比下降3.8%。全国财政收入118876亿元，同比下降6.4%；非税收入22126亿元，同比下降6.7%。

从财政支出总量来看，任何突发事件都会造成财政增加支出的结果。按照财政支出的方向，主要分为三个方面：一是应急治理支出；二是后期治理支出；三是政策性支出。

以2020年新冠肺炎疫情对财政支出影响为例，1—9月，全国一般公共预算支出175185亿元，同比下降1.9%。其中，中央一般公共预算本级支出24542亿元，同比下降2.1%；地方一般公共预算支出150643亿元，同比下降1.9%。

---

① 国务院办公厅：《关于印发国家突发事件应急体系建设"十三五"规划的通知》（国办发〔2017〕2号），2017年7月19日。

表2-1　　2020年1—9月一般公共预算收入情况统计

税收收入项目	税收收入（亿元）	同比增幅（%）
国内增值税	42690	-13.50
国内消费税	10876	-5.00
企业所得税	30014	-4.90
个人所得税	8562	7.30
进口货物增值税、消费税	11007	-9.40
关税	1899	-11.60
出口退税	11314	-12.00
城市维护建设税	3406	-7.90
车辆购置税	2557	-4.40
印花税	2592	30.30
资源税	1280	-9.00
其他税种	813	2.9

资料来源：《财政部举行2020年前三季度财政收支情况新闻发布会》，《预算管理与会计》2020年第11期。

表2-2　　2020年1—9月一般公共预算支出情况统计

支出科目	支出资金（亿元）	同比增幅（%）
教育支出	25554	-1.90
科学技术支出	5670	-5.70
文化旅游体育与传媒支出	2537	-1.30
社会保障和就业支出	25865	8.20
卫生健康支出	14343	4.00
节能环保支出	4024	-15.30

续表

支出科目	支出资金（亿元）	同比增幅（%）
城乡社区支出	14610	-31.30
农林水支出	15916	9.90
交通运输支出	8726	-2.50
债务利息支出	7351	16.80

资料来源：《财政部举行2020年前三季度财政收支情况新闻发布会》，《预算管理与会计》2020年第11期。

2020年新冠肺炎疫情发生以来，中央财政积极发挥职能作用，一方面加强防疫经费保障，另一方面出台一系列税费优惠政策，助力复工复产。截至3月4日，各级财政共安排疫情防控资金1104.8亿元，已使用714.3亿元，未使用390.5亿元。其中，中央财政已专门安排257.5亿元，并在2019年四季度提前下达转移支付的基础上，预拨了一般性转移支付资金，要求地方加强资金拨付和使用等工作，缓解财政支出压力。同时财政部还及时下达各项转移支付资金，加大对地方的支持力度。中央对地方转移支付已经下达了6.28万亿元，比去年同期增加了1.26万亿元。在已经下达的转移支付中，均衡性转移支付下达了16032亿元，县级基本财力保障机制奖补资金2844亿元，基本公共卫生服务补助资金603亿元，医疗救助补助资金260亿元，医疗服务与保障能力提升补助资金173亿元，中央基建支出439亿元。[①]

[①] 《财政部：截至3月4日各级财政安排疫情防控资金1104.8亿元》，《北京青年报》2020年3月5日。

二 应急管理

在应急管理研究的起始阶段,有关分析应急管理概念的文献较为丰富。这其中就体现了两个问题:一是国内研究者对现代应急管理的理解还不是很清晰;二是说明一个学科想要得到长足、稳定的发展,基本含义需要界定明确。经过多年的研究,国内关于应急管理的一些基本概念已大体上取得共识,当然,鉴于研究视角的不同,侧重点也有所差异。

(一) 应急管理的概念

应急管理是指政府及其他公共机构在突发事件的事前预防、事发应对、事中处置和善后恢复过程中,通过建立必要的响应机制,采取一系列必要措施,有效集成社会各方面的资源,应用科学、技术、规划与管理等手段,承担防范化解重大安全风险、及时应对处置各类灾害事故的重要职责,担负保护人民群众生命财产安全和维护社会稳定的重要使命。

(二) 应急管理的作用

应急管理本身又可以分为以下四个方面:预防管理、准备管理、处置管理和恢复管理。进一步讲,应急管理其实是一种超前性管理或者说预防性管理,在其整个运作过程中均体现出预知、预计、预测、预备等特点。其落脚点在于防灾、救灾、减灾、抗灾、灭灾,亦即通过提高政府危机发生前的预见能力、危机发生时的反应与控制能力、危机发生后的救治能力,在尽可能短的时间内有效处理危机、处置具有不确定性的突发事件,恢复正常的社会政治经济秩序,预防、减缓和消除由此带来的各种危害。

三 应急财政

应急财政的核心内容是应急财政资金,应急财政资金是指国家为应对突发性公共事件而用于突发性公共事件的预防监测与恢复救援等方面的财政支出。应急财政资金的使用效率很大程度上决定了应急管理的效率。我国应急财政资金主要包括四类：常规应急财政资金、非常规应急财政资金、捐赠资金及财税优惠政策。

（一）常规应急财政资金

常规应急财政资金是指当年已经列入财政支出预算，为当年预测和处理的发生或可能发生的突发公共事件的财政预算支出，具体包括财政支出分类科目中涉及应急的财政支出、预备费和预算稳定调节基金。相关应急财政科目为：为预防和预测突发公共事件发生的财政支出；为应对某种可预见的突发公共事件安排预算支出；在突发公共事件发生后为受灾地区恢复重建安排的财政支出。相关科目基本覆盖突发公共事件"事前、事中及事后"的各个阶段，可以有效应对当年发生的级别较低的自然灾害等突发公共事件。

预备费也是一种常规应急支出，属于预算内支出。[①] 预备费设立的目的是解决财政预算执行过程中出现因资金不足而需要临时追加支出的特殊情况。我国设有中央预备费和地方预备费，专门用于财政预算支出的不可预测的突发公共事件的重大支出。我国《预算法》规定，各级政府按照本级政府预算支出额的1%—3%设置预备费。值得注意的是，预备费并不等同于应急财政资金，并非专门为应急事件所储备，其可以用于当年任何未列入财政预算支出的政府支出。

---

① 武玲玲、常延岭、彭青：《完善我国应急财政资金管理的途径》，《河北经贸大学学报》2015年第4期。

（二）非常规应急财政资金

重大公共突发事件的发生需要大量的应急救援资金，财政预算内支出无法满足庞大的资金需求，需要政府安排特定的应急救援资金。

（三）捐赠资金

捐赠资金主要是指由民政部门接收的国内外为公共突发事件无偿捐赠的资金，分为国内捐赠和国外捐赠两种。国内捐赠是指国内社会各界人士无偿捐赠的资金，是一项特殊的专项资金，具有特定的用途。国际捐赠主要是指突发公共事件发生后其他国家或地区及国际组织对我国捐赠的资金。

（四）财税优惠政策

公共突发事件的发生会对社会经济发展造成巨大冲击，对私人个体而言，主要体现为厂房、生产设备等硬件设施的损坏以及经营环境、资金周转等方面的损失，需要政府通过财税优惠政策予以引导，扶持当地生产经营的恢复，及时促进经济发展。

四 应急预算

从历史上看，我国发生的自然灾害并不少，并且由于自然灾害的发生而导致的经济损失，总体上也呈现出不断扩大的趋势。与此同时，我国针对自然灾害等突发事件而安排的用于"救灾救济"方面的财政支出，也在整体上出现了逐年递增的态势。所以，随着应急财政资金总量的不断增长，如何更好地对其进行管理和监督就成为财政管理的重要工作内容。其中，应急预算就起到了关键的作用。

（一）应急预算的概念

就基本概念而言，应急预算制度主要指突发事件状态下的公共收支安排。包括可能的突发性支出和应急的收入来源。应急预算的编制应建立在谨慎评估未来可能发生的突发性支出的基础上。同时，应急预算属于滚动预算，偏重于可能的突发事件状态下的特殊安排。

（二）应急预算的优点

首先，在保证政府宏观调控的职能下，确保跨年度项目具有充足的资金来源；其次，在预算编制过程中进行必要的调整可以避免计划与实际脱节的现象，克服预算编制中的短期行为与随意性，保证政府宏观决策与财政政策执行的一惯性和连续性；最后，可以有效保证化解公共风险和公共危机治理资金的总量供给和预算管理的规范性，减少突发事件爆发时行政命令对预算的过度调节，保证其他各项预算资金和财政支出的正常运行。

（三）突发事件、应急管理、应急财政与应急预算的关系

应急预算可以说是为了应对各种突发状况而提前安排相应的财政预算支出。其实，可以从不确定性思维理解公共预算管理，以确定性逻辑应对突发事件。也就是说，首先，预算的逻辑无非就是对尚未到来的事件预先做出测算预估及计划安排，基于此而言，普通意义上的预算都可以称得上是应急预算。进而常规预算也应是应急预算的一种，只是前者对应的常规事件相比后者对应的突发事件而言，不确定性更低而已。因而，严格来说，政府层面的所有预算实践等同于"应急预算"，应急预算是常态，应以"不确定性"思维理解预算管理制度。其次，各级政府在预算安排管理中，一直以来主要针对的是相对确定的常规事件，对不确定性的突发事件事前预计仍不够充分。事实上，这是公共预算制度和应急管理相互脱节、当前预算制度应急功能不健全的表象，

其结果势必会制约应急管理水平的提升。因此，完善公共预算制度，以"预"理解应急预算内涵，引领应急预算管理，逐步打破急事急办、特事特办的思维模式，以确定性逻辑有效应对突发事件。

第二节 公共产品理论

一 大卫·休谟——"搭便车"现象

1739年，古典学派大卫·休谟在著作《人性论》中论述了"搭便车"的现象，并讨论了如何处理超越个人利益的公共性问题。这个问题后来被总结为"集体消费品"。休谟认为，在某些只能通过集体完成的事情上，因人自利的天性，只能依靠国家和官员来使每个人不得不遵守法则。其中有个著名的"公共草地排水"例子：两个邻居商定共同浇灌一块他们共同拥有的牧场，因为他们都非常清楚，如果他们都不完成自己的那部分工作，那他们将最终失去整个牧场。然而，对于赞同任何同样行动的一千个人来说，判定他们是否做出同样的努力将是非常困难的，实际上也是不可能的。对他们来说，执行如此复杂的设计并采取一致行动将是非常困难的，因为每个人都会寻求托词以使自己免得承受由此带来的麻烦和花费，而使其他人承担全部成本。[①] 这表明了在类似事情上公共利益维护和政府参与的必要性。

二 亚当·斯密——"看不见的手"原理

继大卫·休谟之后，1776年亚当·斯密在《国富论》中对

---

① 王爱学、赵定涛：《西方公共产品理论回顾与前瞻》，《江淮论坛》2007年第4期；Hume, D., *A Treatise of Human Nature*, Selby-Bigge (Ed.), Oxford, UK: Clarendon Press. p. 538。

政府职能进行了更为深入的研究。他认为，自由市场这只"看不见的手"能够实现资源的最佳配置，政府只需充当"守夜人"的角色即可。政府的职能包括：第一，保护社会，使其不受其他独立社会的侵犯；第二，尽可能保护社会上每个人，使其不受社会上任何他人的侵害或压迫；第三，建设并维护某些公共事业及某些公共设施。①

三 瓦格纳——"公共支出不断增长法则"

1882年，瓦格纳对19世纪的许多欧洲国家、日本和美国公共支出增长情况进行考察，提出"公共支出不断增长法则"，又称为"政府活动扩张法则"。具体表述为：由于人们对公共产品的需求弹性较高，在经济发展过程中，随着人均收入的提高，人们对法律、警察、金融、教育、文化和医疗等公共产品的需求将不断增长，并且超过人均收入的增长，政府支出规模因此也相应增长，这一观点又被称为"瓦格纳法则"。瓦格纳最早从实证的角度研究并证实了政府的公共产品供给职能呈不断扩大的趋势。

四 林达尔——公共产品概念的提出

1919年瑞典人林达尔在其博士论文《公平税收》中首次提出"公共产品"一词，他分析了两个消费者共同纳税分担一件公共产品的成本的问题，指出每个人在总税额中应纳份额与他从该公共产品消费中所享有的效用价值相等。这些税收份额即为他的税收价格，即著名的"林达尔价格"，其形成的供求均衡称为"林达尔均衡"，这不仅解决了公共产品供给所需费用的来源问

---

① 亚当·斯密：《国民财富的性质和原因的研究》下卷，商务印书馆1972年版，第28—29页。

题,也极大地促进了西方公共财政理论及公共产品理论的形成与发展。

五 萨缪尔森——公共产品的区分

一般认为,现代经济学对公共产品的研究是从新古典综合派的萨缪尔森开始的。1954年萨缪尔森在《公共支出的纯理论》中,对公共产品进行定义:公共产品是指每个人对这种产品的消费都不会导致其他人对该产品消费的减少。相对而言,私人物品是指:如果一种物品能够加以分割,因而每一部分能够分别按照竞争价格卖给不同的人,而且对其他人没有产生外部效果。萨缪尔森还对公共产品和私人产品的最优化供给均衡问题进行比较分析,公共产品无法像私人产品一样可以通过竞争性的市场定价机制找到供给均衡点。通过假定存在很有洞察力的人(伦理上的观察者),知道个人的偏好函数,以此解决公共产品个人偏好的显示问题。萨缪尔森是第一个能够严格区分私人产品和公共产品,提出纯公共产品定义的经济学家。

六 布坎南——俱乐部产品的提出

1965年布坎南在《俱乐部的经济理论》中指出,萨缪尔森定义的公共产品是纯公共产品,现实社会中大量存在的是介于公共物品与私人物品之间的准公共产品或混合产品。俱乐部产品就是这样一种产品,一些人能消费,而另一些人被排除在外。布坎南使用成本效益分析,得出俱乐部成员的最优规模。他指出,俱乐部成员的最优数量是有限的,而且随着俱乐部产品数量的边际收益的变化而变化,并且俱乐部的所有者能够固化他们的价格,接收新成员,只要每个成员的边际收益不小于他们的边际成本,俱乐部通过接收愿意支付的新成员而达到规模最优。① 布坎南对"俱乐部"产品的定义使得公共产品的概念更加接近现实，具有较强的实用性。

七　马斯格雷夫——公共产品的三分法

到20世纪50年代末，美国著名经济学家马斯格雷夫在其著作《财政学原理：公共经济研究》，第一次引用"公共经济学"的概念，完成公共产品的非排他性特征的描述，阐述为：一种纯粹的公共产品在生产或供给的关联性上具有不可分割特征，一旦它提供给社会的某些成员，在排斥其他成员对它的消费上就显示出不可能或无效性。"任何人都同等地消费，不管他是否为此付费。"进一步，在萨缪尔森的公共产品理论之上提出产品的三分法，即产品可以认为私人品、公共品和有益品，在"非私人品"中又区分了公共产品和有益品，公共产品是由于市场无法自发地提供公共产品的最优数量，是政府在尊重个人偏好的情况下提供的；有益品是政府强制个人消费的政治经济产品，带有消费的强制性。

八　斯蒂格利茨——公共产品理论框架的形成

1999年美国经济学家、诺贝尔经济学奖获得者斯蒂格利茨教授对公共经济学领域进行分类，提出三个主要类别的研究问题：一是公共部门从事哪些活动，以及这些活动是如何组织的；二是尽可能地理解和预测政府经济活动的全部结果；三是评价政府组织公共经济活动的各种政策。至此，成熟的公共产品理论框架体系已经完全形成。

---

① 王爱学、赵定涛：《西方公共产品理论回顾与前瞻》，《江淮论坛》2007年第4期；Jamesm Buchanan, "An Economic Theory of Clubs", *Economica*, Vol. 32, 1965, pp. 1-14。

纵观西方公共产品理论的演变过程，最为突出的特征是公共产品供给市场化理论。自西方公共产品思想产生以来，存在的普遍共识是公共产品的性质以及政府的职能决定政府是公共产品供给的唯一主体。公共产品的产生是由于市场失灵的存在，而政府提供公共产品可以避免"搭便车"行为，也可以提高公共产品的供给效率。随着公共产品理论与实践的不断发展，政府作为公共产品供给的唯一主体思想逐渐被公共产品供给市场化的思想所取代。

九 公共产品理论与应急预算的关系

根据突发公共事件的概念界定及其不确定性、紧急性、严重的社会影响及难以有效预防等特征，这决定了突发公共事件一旦爆发，就会给人民群众的生命财产带来严重的灾害和破坏，因此公共安全是最重要的一种公共产品，而突发公共事件的灾后应急机制即公共危机财政应急机制，具有提供公共安全服务、保护公民生命财产安全的作用，具有极强的正外部效应。这意味着生产者的成本大于收益，利益外溢。由于私人部门以追求私人利益最大化为目标，单纯依靠市场机制本身无法使受益者付费或使受害者获得补偿，从而导致社会收益、私人收益、社会成本与私人成本之间产生差异。保险市场可以在一定程度上规避风险，但是由于保险市场追求利益最大化的诉求，使得保险市场倾向于关注没有外部性的领域。同时，保险是分散风险、互助共济的一种机制，需要投保人支付一定保费后才可享受相关保障，但是对于弱势群体和弱势产业而言，无力支付高额保费。另外，个人也不具备消除公共危机带来的外部负效应的主观偏好和足够的客观能力。

政府部门作为公共服务提供者、公共政策制定者，承担社会管理和公共服务的职能，将保障公众健康和生命财产安全作为首要任务，最大限度减少突发公共事件及其造成的人员伤亡和危害。从现代社会公共危机的特点来看，只有政府才具备在公共危机管理中承担领导责任和主要责任的能力。财政部门作为执行政府宏观调控的重要部门，是公共危机应急机制的最后一道屏障，也是国家应急反应机制的一个重要组成部分，承担配置社会公共产品和公共服务的职能，从财力保障和政策支持方面给予应急管理支持。而应急预算制度在谨慎评估未来可能发生的突发性支出的基础上，做出相关收支安排，直接关系到政府应对公共危机时能否发挥应有的作用，能否将损失降到最低限度。

第三节 社会扣除理论

社会扣除理论是马克思在《哥达纲领批判》中提出的重要论断。1870年德国实现了统一，1873年世界性的资本主义经济危机席卷德国，使德国阶级矛盾迅速被激化，形势要求德国当时两大工人阶级政党——全德工人联合会和德国社会民主工党联合，形成统一的工人阶级组织，但在两党进行合并时，以马克思主义理论为指导的德国社会民主党因急于与以拉萨尔主义为主的全德工人联合会联合，选择了毫无原则的妥协，最终形成一个充满拉萨尔机会主义的联合纲领草案。马克思认为这是一个"极其糟糕的、会使党性堕落的纲领"。于是，1875年4月至5月，马克思撰写了《对德国工人党纲领的几点意见》（以下简称《意见》），对这个纲领几乎做了逐字逐句的批判，并将文章随函一起寄给当时德国社会民主党的领袖威·白拉克，《意见》与信函一起，共同组成《哥达纲领批判》。但德国社会民主党并没有接受马克思和恩格斯的批判,坚持召开两党合并大会,将党的名称改为"德国社会主义工人党",并最终通过充满拉萨尔机会主义的《德国社会主义工人党纲领》,即《哥达纲领》。

马克思在《哥达纲领批判》中针对拉萨尔的机会主义做了系统批判,首先,针对纲领中提出的有关劳动所得要按照平等的、不折不扣的原则来分配,马克思提出,"劳动所得"就是一个模糊的概念,"是劳动的产品呢,还是产品的价值?如果是后者,那么,是产品的总价值呢,或者只是劳动新添加在消费掉生产资料的价值上的那部分价值?"① 其次,马克思对"不折不扣"做了重点批判,指出就算在一个集体的、以共同占有生产资料的社会里,"劳动所得"即社会总产品也应该在六项扣除以后才谈得上是进入个体生产者之间进行分配的那部分消费资料。

一　针对社会生产资料的第一次扣除

马克思针对社会总产品的扣除分成两部分,第一部分针对社会生产资料的扣除。同时强调从"不折不扣的劳动所得中扣除的这些部分,扣除的多少数量应该根据社会现有的资料以及力量来决定,不能仅仅利用公平原则来计算。"

（一）用以补偿消耗掉的生产资料

用以补偿消耗掉的生产资料是针对社会总产品首先要扣除的部分。生产资料是劳动者进行社会生产的基础,在社会生产过程中,马克思构想的是一个集体的、生产资料共有的社会,但是生产资料的消耗与占有权无关,社会主义社会生产也会产生生产资

---

① 马克思:《哥达纲领批判》,中共中央马克思恩格斯列宁斯大林著作编译局,中国人民大学出版社2018年版,第9页。

料的消耗，因此，社会应首先扣除社会总产品中用以补偿在生产过程中消耗掉的生产资料。在生产资料私有制的资本主义国家，生产资料的补偿是由资本家完成的，其目的在于获得更多的剩余价值，汲取更多的利润。在马克思设想的生产资料公有制国家，生产资料消耗的补偿由政府来完成，其目的在于保障社会生产力的发展。因此，出于维护社会生产水平，针对生产资料消费的补偿是首要的也是必要的。

（二）针对社会简单再生产和扩大再生产的扣除

社会扣除中首先应该扣除的是针对社会简单再生产和扩大再生产的扣除。对消耗掉的生产资料进行扣除之后，接下来扣除用以扩大再生产的部分，只有不断地扩大再生产，社会生产力才能不断进步和发展。资本主义生产私有制前提下社会生产力的空前发展正是因为其不断进行扩大再生产。马克思认为社会福利发展需与经济发展水平相适应，只有进一步发展社会生产，才能进一步提高社会福利水平。国家在进行社会扣除时，首要考虑的是保障和发展社会生产，在进行下一步分配之前，必须满足再生产的需要，否则再生产将难以进行下去。

（三）应付不幸事故、自然灾害等设立的后备基金或保险基金

为应付不幸事故、自然灾害等设立的后备基金或保险基金。不幸事故与自然灾害等是处于私人地位的生产者难以抵御的，需要国家提供帮助。因此，政府出于应对和预防动机，必须从社会总产品中扣除一部分，具体扣除比例由社会现有生产资料和力量来决定，部分依概率论决定，将这部分用来建立国家保险基金。这体现国家与全体社会劳动者站在一起，在满足社会生产的基础上，维护社会成员的利益。

二 针对个人消费资料的第二次扣除

在完成社会总产品中社会生产资料部分的扣除之后,剩下的用作个人消费资料的部分。在作为个人消费资料的社会总产品进入分配之前,还应该进行第二次扣除,包括对一般管理费用的扣除、满足共同需要部分的扣除、官办济贫事业部分的扣除。

(一) 一般管理费用的扣除

马克思认为针对个人消费资料部分的扣除首先应扣除与生产无关的一般管理费用,这部分将"立即极为显著的缩减,并将随着新社会的发展而日益增加"。与生产无关的管理费用主要是指国家或政府进行社会事务管理时投入的费用,主要包括政府工作人员的工资以及一些办公费用等。社会扣除是国家进行社会管理和宏观调控的物质基础,社会主义国家中,政府是统筹社会生产,制订社会生产计划,进行社会分配的主体,代表社会成员的利益,为了实现国家职能,就必须从社会总产品中扣除一部分作为一般管理费用。

马克思也指出一般管理费用将来会有极为显著的缩减,因为随着以生产资料公有制为基础的社会的不断发展,个体劳动不再是为了交换自己的产品,因而产品中蕴含的劳动也不再体现为产品的价值,其劳动就是作为社会总劳动以社会总产品的形式体现出来。因此,人们对于劳动的态度从迫于生计而转变为真正的需要,在这种情况下,国家就没有必要进行过多的管理,因而人们会自觉地投入劳动,政府因此而精简管理人员,将更多的资源用于社会生产以及满足社会成员的公共需要,这样一般管理费用就会逐步缩减。

(二) 满足共同需要部分的扣除

随着社会的不断发展,人们的共同需求不断增长,种类也不断丰富，满足共同需要就是满足社会成员的需要。这里的共同需要对应我们今天的教育、医疗等福利事业项目，而政府对社会共同需要的满足程度成为衡量一个国家社会发展程度的标准。萨缪尔森认为纯公共产品具有非排他性和非竞争性，能够满足私人产品的不足。马克思提出的满足共同需要的扣除是真正的、积极的社会福利，是为了满足社会成员的共同需要，维护社会公平，与资本主义社会中的公共产品用来维护资产阶级统治，缓解阶级矛盾具有本质上的不同。同时马克思也补充说，社会主义社会和共产主义的最终目标都是实现人的全面自由发展，在生产社会化的前提下，为促进社会和个人的发展，社会满足共同需要的这一部分会随着新社会的不断发展而日益增加，因此满足共同需要的扣除部分也会日益增长。

（三）官办济贫事业部分的扣除

马克思指出针对社会总产品剩余的个人消费资料还应该为丧失劳动力的社会成员设立基金，即所谓官办济贫事业的部分。这是马克思设想的为社会弱势群体、丧失劳动力的私人劳动者设立的属于社会福利制度中社会保障的部分基金，而第一部分为应付不幸事故、自然灾害等设立的后备基金或保险基金是针对全体社会成员设立的。

三 社会扣除理论与应急预算的关系

通过对社会扣除理论的梳理，可以看出社会扣除是公共产品供给的来源，是提供社会总产品的物质基础。公共安全作为一种公共产品，是政府满足社会公共需求的特定方式，马克思社会扣除理论是从社会存在和发展的共同利益需要角度考察公共产品本质及其供求等基本理论问题，目的在于更好地满足社会成员的需要，更有利于社会和个人的发展，强调围绕社会存在和发展的共同利益需要提供公共产品。马克思认为公共产品来源于社会总产品的扣除，如突发公共事件的需求，随着社会的发展而日益增加。

政府通过社会扣除取得收入提供公共产品，是"集众人之力，办众人之事"的体现，从社会宏观层面看，个体劳动的加总构成集体劳动，社会总产品是由集体劳动生产。根据马克思的描述，个人通过社会扣除向社会贡献出自己劳动产品的一部分，而通过公共产品的消费，得到自己应获得的部分，这是社会扣除的理想状态。

当然，社会扣除的比例不能太高，也不能太低，要找到动态平衡点。在结构方面，要平衡各方利益，在动态优化中创新以形成高效、公平的应急预算制度。在积极财政政策的框架下，财政支出有所扩大，而支出结构关系到各方面的利益，因此必须平衡各个群体的利益关系，从有利于民生和社会和谐的角度考虑问题，争取在财政支出制度上取得创新，形成中国特色的预算制度。

第四节 财政风险理论

一 风险的概念

风险是指在一定条件下，一定时期内，由于各种结果的不确定性导致行为主体遭受损失以及这种损失发生可能性的大小。根据风险定义，知其具有两个特点，一是不确定性；二是发生损失。而传统的财政学理论并没有对财政风险给予明确定义，因为与金融风险、财务风险等风险相比，财政风险具有一定的隐蔽性。直到20世纪90年代，Hana Polackova、Allen Schick、William Easterly等经济学家从政府"或有负债"角度来研究财政风险问题，财政风险的研究才逐渐深入与系统化。

财政风险是客观存在的，是经济社会发展过程中，各种矛盾在财政领域的集中体现，其来源于财政面临的经济环境、社会环境、体制环境和政策环境的不确定性，导致政府无力提供社会经济发展所需的最基本的公共产品和公共服务，以及对法律规定的政府支付责任的大规模违约的可能性。

二 财政风险的特征

（一）财政风险具有隐蔽性的特征

财政风险的大小关系到国家的威望和信誉，各国政府都会有足够的动力掩盖财政风险，利用各种手段和方法缓解财政矛盾，将财政风险隐形化。这样财政风险长期处于积累之下，不易察觉，只有风险超过整个国民经济的承受能力时才会显现，在民主制国家尤其如此。

（二）财政风险具有公共性的特征

一方面，财政风险的承担主体是政府，其行为是公共行为，配置的资源是公共资源，政府行为也将会影响整个社会。另一方面，财政风险属于公共风险的范畴，因此财政风险一旦发生就有可能损害政府的正常运行。同时，财政风险也反映了整个社会的公共风险，而社会公共风险需要政府或相关社会组织去应对化解，在此过程中社会公共风险就会向财政传导，积聚成为财政风险。

（三）财政风险具有转移性的特征

首先，社会公共风险，如自然风险、政治风险和金融风险等都有可能向财政风险转化,形成财政风险。其次,财政风险也可以向社会转移,由于政府处于相对优势地位,可以将财政风险向社会或者私人系统转移,从而导致财政风险发生主体转移。最后,财政风险在财政体系内部转移。由于各级政府间财政既相互独立又相互联系,因此无论风险在哪级政府发生都有可能向上级或下级政府传导。

(四)财政风险具有复杂性的特征

引起财政风险的因素既有财政体制和制度方面不健全等内部因素,也有经济、社会、环境等变化的外部因素。因此,财政风险是政治经济中各种因素交织引起的,具有复杂性的特点。

(五)财政风险具有极大的危害性

财政是国家行使职能的物质基础,对其他公共风险发挥兜底的作用,因此,财政风险是防范公共风险的最后一道防线上的风险。若不及时对财政风险加以防范和控制,财政风险就有可能转化为财政危机,结果波及整个社会甚至整个国家,损失巨大。

三 财政风险的来源

(一)税收风险

政府通过征税来提供公共产品,在获取税收和使用税收过程中形成的风险即为税收风险。税收风险将直接影响财政收入的数量和质量,这种风险或是单独,或是与支出风险一道对政府平衡财政收支的努力带来额外困难。

(二)支出风险

财政支出是以国家为主体,以财政的事权为依据进行的财政资金分配活动,集中反映国家的职能活动范围与其所发生的耗费。如果财政支出规模和结构安排得不适当、不合理,就会导致国家机器不能正常运转，此外，还会对宏观经济产生负面影响。财政收入与财政支出贯穿于财政运行的全过程，是实现财政职能的两大基本工具。国家财政收支出现矛盾是正常的、普遍存在的。从一定意义上讲，财政发展史就是财政收入与财政支出不断出现矛盾又不断化解矛盾的新均衡的过程。

（三）国债风险

积极的财政政策意味着财政支出的扩张，而财政支出的扩张是以逐年增加的国债发行量为基础的。随着国债发行量的增加，债务负担率和债务依存度迅速提高，在政府债务规模持续扩大的情况下，国债风险日益凸显。而政府债务风险的增加，会引发金融风险，最终可能导致财政风险与金融风险交织形成严重的金融危机。

（四）系统风险

在研究一国财政风险时须从社会经济整体来考察风险要素和风险成因，这样才能从根本上制定措施，有效降低风险。

（五）地方财政风险

地方财政安全是国家财政安全的基础。地方财政风险具有隐蔽性、传导性、危害性大等特点，地方财政风险一方面取决于致险因素及危害程度，另一方面取决于地方政府的财政实力及抵御风险的能力。地方财政风险是由社会各种风险转化而成的，当社会风险累积到一定程度时，就会迅速转化为财政风险。而地方财政出现风险，地方政府无力化解时，最终需要国家兜底，影响国家财政运行。

四　财政风险的成因

第一，财政支出结构不合理。财政支出结构不合理主要表现为财政的"缺位"与"越位"并存，同时行政经费也日益膨胀。

第二，财政收入缺乏稳定的增长机制。财政收入缺乏稳定的增长机制主要表现为财政收入过分依赖国有企业，非国有经济提供的收入只占全部收入的三分之一。

第三，制度建设存在严重的滞后性。

第四，金融风险、社会保障缺口、国企扶贫以及自然灾害的很大部分损失最终可能演变为财政风险。

五 财政风险的危害

财政风险的危害是指政府财政活动有违客观经济规律要求而产生的可能结果。财政风险可能会给国民福利带来的不利影响主要包括以下三个方面。

（一）政府财政活动有效性降低

公民希望在财政支出一定的情况下，尽可能多地享受到政府提供的公共物品和服务的数量与质量，若政府的财政活动偏离福利标准，则认为政府的财政活动有效性降低，进而影响公共福利。一般认为不适当的政府财政活动会产生财政风险，进而对社会福利带来不利影响，造成公共福利损失。财政风险的危害在于使政府财政活动给国民带来公共福利的损失，最终导致政府无法正常履行经济职能，甚至陷于财政危机状态。

（二）公共物品供给短缺

财政风险导致公共物品供给短缺。理论上政府债务风险等同于政府的财政风险。一般公债理论说明，作为债务人的政府，如果其债务依存度、债务率不断上升，其债务风险将明显提高。与此同时，由于高债务依存度、高债务率偿还会导致政府将大部分资金用来偿还债务，使政府无法提供必要的公共产品，也没有足够的资金用来促进社会和经济发展的项目，导致预期的经济目标无法实现，政府无法正常履行资源配置职能。

（三）公共福利分配不公

政府不适当的财政活动也会导致财政风险，将福利转移给少数利益集团，将福利损失转移给大多数国民承担，造成社会财富分配不公平的结果。大量因道德风险引发的财政风险具有公共福利再分配的性质，而这种再分配是极不公平的。如政府对某些国营、私营企业的对外债务进行担保，如果到期后者不能按时偿还债务，政府就需要代替偿还，即政府财政活动导致债务偿还风险，结果就是将福利损失转嫁给其他国民。政府借债不能按期偿还时，不仅对作为债权人的社会成员有失公正，而且政府信誉因此下降，造成进一步举债更加困难，当以税收方式偿还债务时，实际上则是将政府的公债负担转嫁给全体国民承担，因此，财政风险不仅使公共福利下降，还会导致公共福利分配严重不公。

六　财政部门与财政风险的关系

财政部门与财政风险密切相关。财政部门的根本任务是执行政府的基本经济政策，通过对财政收支的管理来实现其经济职能。一般而言，财政部门的职能定位是满足公共需要以及满足介于社会公共需要与私人需要之间的准公共需要。因此，财政支出范围可以大致划分为两类。一类是纯社会公共需要，主要由财政提供，如国防、行政、公安、司法、义务教育和基础科学等。另一类是介于社会公共需要和私人需要之间的在性质上难以划分的需要，其大部分也是由财政提供，如高等教育、社会保障等。由此看来，如果财政风险的程度影响到非纯公共需要，可以通过暂时的政策协调和资源转移来缓解负面影响。如果财政风险的程度影响到纯公共需要，财政部门就会受到来自政府和社会的巨大压力。

七 财政风险的应对

突发公共事件作为社会公共风险中的自然风险，具有严重的社会影响，需要政府或相关社会组织去应对化解，在此过程中，如果不能及时有效化解突发公共事件的风险，社会公共风险就会向财政传导，积聚为财政风险。首先，财政是国家行使职能的物质基础，对其他公共风险发挥"兜底"的作用，因此，若不及时对财政风险加以防范和控制，财政风险就有可能转化为财政危机，结果波及整个社会甚至整个国家，损失巨大。其次，突发事件给政府本身以及给政府进一步的财政活动以及给社会经济带来的各种潜在危害的可能性，在财政领域中因不确定因素的综合影响导致财政资金遭受损失和财政运行遭到破坏。在此过程中，如果财政支出规模和结构安排得不适当、不合理，就会导致国家机器不能正常运转。最后，公众对突发公共事件的应急处置机制的需要是一种公共需要，而公共需要的满足需要财政部门通过财政收支过程来实现，为了规范突发事件状态下的公共收支安排，亟须建立适应我国国情的应急预算制度，为不确定性的财政领域注入确定性。

第五节 财政可持续发展理论

1980 年世界自然保护联盟（IUCN）等公益组织共同发表《世界自然保护大纲》最早提出可持续发展的思想。这一文件主要是针对保护自然资源提出的，但是其涉及的内容远远超过自然保护的范围，将保护发展看作相辅相成、不可分割的两部分，使公众认识到在谋求经济发展与享受自然财富的过程中，由于自然资源和生态系统的有限性，必须考虑子孙后代的需要。1987年，世界环境与发展委员会（WCED）发表报告《我们共同的未来》正式提出"可持续发展"的概念。可持续发展即既能满足当代人的需要，又不对后代人满足其需要的能力构成危害的发展。1992年，联合国召开环境与发展大会，会议通过《里约环境与发展宣言》《21世纪议程》等文件，其核心内容就是可持续发展。至此，可持续发展的理念得到世界各国的普遍承认，并开始广泛应用。

一 财政可持续概念的提出

1985年Buiter首次提出财政可持续性的概念。财政可持续性是指作为经济实体的国家财政的存续状态或能力。对经济实体而言，当其具有偿债能力时则具有财政可持续性；当其无力偿债时，则不能存续，宣告破产。1992年，《马斯特里赫特条约》（Maastricht Treaty）规定政府债务负担率不得高于60%，赤字率不得高于3%的指标作为财政可持续性的趋同性检验标准。余永定对财政可持续发展做出明确定义：关键看未来政府有没有能力或公众认为在未来政府有没有能力偿还到期的债务。[①]

二 财政可持续发展的含义

首先，如果政府能够长期保持财政收支平衡，则政府财政处于稳定状态；其次，尽管相当长时间内不能实现财政收支平衡，

---

① 余永定：《财政稳定问题研究的一个理论框架》，《世界经济》2000年第6期。

但政府却能够通过发行国债为财政赤字融资,则政府财政依然可以说处于稳定状态;最后,如果经济存在这样一种机制,当财政脱离稳定状态之后,经济变量之间的相互作用可以使财政状况恢复或趋于恢复稳定状态,则政府的财政状况也可以说是稳定的。①

财政自身的可持续性体现在财政收支平衡方面。财政收支平衡是指,在一个周期内财政盈余弥补赤字,全部的财政收入与全部的财政支出在数量上相当,同时前期的赤字也可以通过后期的盈余弥补。另外,财政的可持续性还体现为政府清偿债务的可持续性,即政府实际债务负担是否控制在财力可承受的范围内。

从财政收支角度看,财政收支每时每刻的绝对平衡是不存在的。如果过分追求财政收入大于财政支出,形成财政结余,则财政资金不能物尽其用,会影响经济的可持续发展;反之,如果长期财政支出大于财政收入,赤字不断累积也会形成潜在的危害,加重政府的财政负担,导致经济危机的爆发。因此,财政收支平衡应该是动态平衡,保证政府拥有的财力能够满足政府支出责任,保证国民经济持续、稳定、健康发展。

财政可持续发展不仅要从财政收支总量上实现平衡,还要在效率和结构方面进行优化。从效率方面看,无论是财政收入还是财政支出,提高财政资金的利用效率是财政可持续发展的基础和前提。如果财政收支具有效率,那么宏观经济和公共财政的改善都指日可待,从整体上把"蛋糕"做大,就可以使公共财政免予陷入困境与危机。从结构方面看,如果财政只是在总量上保持平衡,这种平衡也是不稳定的,只有通过结构的优化,通过国民经济在地区、产业、部门及所有制等方面结构的调整,实现财政收

---

① 余永定:《财政稳定问题研究的一个理论框架》,《世界经济》2000年第6期。

支在结构方面的完善,这样才可以实现建立一个自身健全、结构优化、运转高效且良性循环的财政可持续发展体系。

三 财政可持续性衡量的指标

(一) 赤字率

赤字率是指财政赤字占国内生产总值的比重,即赤字率=(财政支出-财政收入)/GDP×100%。赤字率的高低反映财政收支入不敷出的程度和财政稳固状态的区间,一般认为这一指标的警戒线是3%—5%。财政赤字并不会直接导致财政困难,在一定条件下可以成为一种财政政策工具,对经济产生积极影响。只有当赤字连年不断且数额较大时,财政风险才有可能出现甚至导致危机的出现。

(二) 国债负担率

国债负担率用来衡量政府的存量债务负担,反映整个国民经济对政府债务的承受能力,国债负担率=债务余额/GDP×100%,目前国际上公认的政府国债负担率的警戒线是45%—60%。国债负担率反映了政府适度债务规模的临界值,经济发展水平越高,政府债务承受能力越大。

(三) 国债依存度

国债依存度指财政支出对债务收入的依赖度,用当年国债发行额占当年财政支出的比值表示,国际公认警戒线是20%。当国债发行规模过大,国债依存度过高,则财政支出过多依赖国债收入,财政状况面临威胁。

(四) 国债偿债率

国债偿债率是指某年的国债还本付息额占当年财政收入的比值,国债偿债率=当年还本付息支出额/当年财政收入总额×

100%，国际公认安全控制线是8%—10%。比例越低，说明在一定时期内政府偿还债务的能力越强。财政收入越低，财政偿还国债的能力越低，国债经过长期积累会越来越大，进而财政稳定性降低，因此，国债应在与同期财政收入规模相匹配的情况下控制合理规模。

四 财政可持续性的影响因素

（一）经济因素

经济与财政收入之间是"源"与"流"的关系，经济发展是"源"，财政收入是"流"，只有经济发展，经济总量和规模扩大，财政收入规模才能稳定增长。一国经济发展水平主要表现在国内生产总值即GDP上，GDP越高，代表一国的生产技术水平和经济实力越强，这是形成财政收入的物质基础。因此，随着经济发展水平的不断提高，国民收入不断增长，财政收入规模也会随之增长。

（二）财政支出

财政支出结构安排是否合理决定一国财政可持续发展能力。财政支出是政府履行各项职能，满足社会公共需要的重要方式。政府通过财政支出介入社会经济生活各个层面，调节社会总需求，并通过总需求影响宏观经济总量和财政收入规模。同时，财政支出结构即财政在各类项目上的支出占总支出的比重也体现了政府履行职能的侧重点，直接或间接影响社会经济结构。

（三）财政政策

财政政策是政府干预经济，实现宏观经济目标的工具。财政政策的工具主要是政府支出和政府收入。当社会总需求不足，面临通货紧缩的经济形势时，政府采取降低财政收入，控制财政收入增速或增加财政支出，推动财政支出更快增长的扩张性财政政策；当社会总需求过大，面临通货膨胀的经济形势时，政府采取增加财政收入，促进财政收入更快增长或降低财政支出，控制财政支出的紧缩性财政政策。无论财政政策的方向如何，最终都会回归到财政收支平衡的问题上，实现财政可持续发展的状态。

五　财政可持续发展理论与应急预算的关系

根据财政可持续的内涵，实现财政可持续发展的基础是保持财政收支平衡。社会总供给和社会总需求的平衡是国民经济得以顺利运行的必要条件。在经济运行过程中，影响平衡的因素来自各个方面，因此，平衡只是相对的、暂时的，不平衡才是绝对的。财政平衡是指财政收入与财政支出在总量上相等，如大体相等，也可称为基本平衡。由于财政运行并不是孤立的，要与经济周期相适应，因此，财政平衡一般是指长期平衡，即在一段时期内，有些年份出现赤字，有些年份出现结余，但从整个时期来看，财政总量是平衡的，就可以认为是财政平衡。实现财政平衡一方面，通过发展经济，积极开辟财源，增加财政收入，解决财政困难；另一方面，优化财政支出结构，提高财政支出效益，使财政支出使用效率和资源配置效益最大化，实现财政支出结构和支出规模的效益最大化。

近年来，受国际国内多重因素影响，我国财政收入增长压力增大，而财政支出呈持续扩张趋势，使得财政收支矛盾凸显，财政面临可持续发展问题。一方面，随着全面"营改增"的完成，随着大规模的减税降费政策的出台，我国财政收入增幅回落，财政收入增速放缓。另一方面，财政支出却呈刚性不减的趋势。随着社会发展与人口老龄化程度的不断加深，公民对养老、医疗、教育等民生需求日益增长，这就要求进一步增加财政在基本公共服务领域的支出。同时这部分支出具有明显的刚性，抑制了政府调整支出结构的能力。在这种情况下，政府面临减收和增支的双重压力，财政可持续发展面临严峻的挑战。

突发性公共事件由于具有不确定性、严重的社会影响、紧急性以及难以有效预防的特征，在突发事件来临时会造成财政支出增加，主要用于应急治理、后期治理以及政策性支出，结果就是财政支出短时间内的大量增加。同时，受突发事件影响，一些行业因此陷入困境，造成财政收入下降。突发事件状态下，财政支出激增，财政收入下降，由此对财政可持续发展带来严峻的挑战。应急预算制度建立在谨慎评估未来可能发生的突发性支出的基础上，对可能的突发性支出和应急的收入来源做出明确安排，使财政面临突发事件时能够保持预算的持续性，使预算与实际情况更加适应，充分发挥预算的指导和控制作用。

第六节　本章小结

第一，通过应急预算研究的相关概念界定，分析突发事件、应急管理、应急财政和应急预算的关系，厘清建立我国应急预算制度的基本概念。

第二，全面梳理西方公共产品理论的演变过程，根据突发公共事件的概念及其特征，确定公共安全是一种最重要的公共产品，突发公共事件的灾后应急机制即公共危机财政应急机制，具有提供公共安全服务、保护公民生命财产安全的作用，具有极强的正外部效应。而政府部门作为公共服务提供者、公共政策制定者，承担社会管理和公共服务的职能。因此，只有政府能够承担公共危机管理中的领导责任。应急预算制度的建立与否直接关系到政府应对公共危机时能否发挥应有的作用。

第三，在社会扣除理论中，马克思针对社会总产品的扣除分成两部分，第一部分是针对社会生产资料的扣除，第二部分是针对个人消费资料的扣除。在第一部分扣除中为应付自然灾害等设立后备基金或保险基金。由于公共突发事件是处于私人地位的生产者难以抵御的，需要国家提供帮助。因此，政府出于应对和预防动机，必须从社会总产品中扣除一部分，具体扣除比例由社会现有生产资料和力量来决定，将这部分用来建立国家保险基金。当然，社会扣除的比例不能太高，也不能太低，要找到动态平衡点。在结构方面，要平衡各方利益，在动态优化中创新以形成高效、公平的应急预算制度。

第四，财政风险来源于财政面临的经济环境、社会环境、体制环境和政策环境的不确定性。而突发公共事件作为社会公共风险中的自然风险，具有严重的社会影响，需要政府或相关社会组织去应对化解。如果不能及时有效化解突发公共事件的风险，社会公共风险就会向财政传导，积聚为财政风险。若不及时对财政风险加以防范和控制，财政风险就有可能转化为财政危机，结果波及整个社会甚至整个国家，损失巨大。另外，突发事件给政府本身以及给政府进一步的财政活动和社会经济带来的各种潜在危害的可能性、不确定因素的综合影响累积导致财政资金遭受损失和财政运行遭到破坏。在此过程中，如果财政支出规模和结构安排得不适当、不合理，就会导致国家机器不能正常运转。

第五，财政可持续发展理论主要研究作为经济实体的国家财政的存续状态或能力。根据财政可持续的内涵，实现财政可持续发展的基础是保持财政收支平衡。当然，这种平衡是指长期平衡，即在一段时期内，有些年份出现赤字，有些年份出现结余，但从整个时期来看，财政总量是平衡的，就可以认为是财政平衡。受突发事件影响，财政支出激增，财政收入下降，对财政可持续发展带来严峻的挑战。进一步证明建立我国应急预算制度的必要性，使财政面临突发事件时能够保持预算的持续性，使预算与实际情况更加适应，充分发挥预算的指导和控制作用。

第三章 应急管理与应急预算

第一节 应急管理

一 应急管理研究起源

关于应急管理的研究对象，集中于特定的自然灾害（人为导致或者自然引发）。因此，很多时候称应急管理研究为"灾害研究"。追根溯源，其研究来源于社会学对灾害的研究，而最早进行社会学灾害研究的是加拿大学者普林斯（Samuel Prince），在其1917年的一篇博士学位论文中，就以加拿大"哈利法克斯爆炸"事件为案例，展开了细致的分析。随后，到了20世纪60年代，克兰特利（Enrico Quarantelli）采用芝加哥学派的田野调查方法，将核打击下的集体行动的研究逐步拓展到自然灾害情境下的集体行动的研究，并创建了世界首个灾害社会科学研究机构——灾害研究中心（Disaster Research Center）。20世纪70年代，自然灾害研究中心（Natural Hazards Center）在科罗拉多大学创立。进入80年代后，"应急管理研究"一词出现，并逐步拓展范围，且在政治和公共行政领域兴起了对灾害的研究。

中国的灾害社会学研究，主要还是从2003年暴发的SARS疫情以后才真正开始，我国的应急管理工作也相应地进入起步阶段。在此之前，只是零散的对单项灾害进行探讨，比如早期的研究有：叶保均（1988）从经济建设形势、历史地震事件经验教训和当前地震预报研究工作的现状三个角度，强调震情应急工作的重要性和必要性。① 进入90年代，中国以前所未有的速度和规模进行着现代化经济建设，可与此同时又面临自然灾害多发的考验。我国自然灾害种类最多、频率最高、分布最广，被公认为世界上易受灾害袭击和受灾最深重的少数国家之一。在此期间，金磊与李玮（1993）结合中国灾害现状探讨了灾害医学的诞生和发展，并对灾害医学的应急管理提出了相关建议。② 田春兰（1993）阐述了灾害情报的具体表现形式，以及灾害情报在减灾中的三大作用，并且指出了当前灾害情报工作中存在的问题与建议。③ 宋玉芳（1993）根据当时中国的实际情况，主要探讨了核事故医学应急救援的组织与管理，分析了建立核事故应急救援组织的必要性和可行性。并提出了建立一个职权、任务分明，运转有效的医学应急组织体系的设想——三级医学应急组织。④ 金磊（1997）简要探讨了城市综合减灾的应急管理模式以及相应的方法，认为城市灾害的主要特点表现为自然巨灾、人为灾害（工业及社会生活事故）及混合型灾害（包括环境公害），强调城市更应该关注突发事件。⑤ 崔晓敏等（1998）对辅助应急管理系统的设计与实现进行了研究，从应急管理系统的框架、开发以及应急

---

① 叶保均：《震情应急业务的管理》，《华南地震》1988年第1期。
② 金磊、李玮：《试论中国灾害医学的建立及其哲学思考》，《医学与哲学》1993年第8期。
③ 田春兰：《灾害情报在减灾中的作用》，《灾害学》1993年第2期。
④ 宋玉芳：《核事故医学应急救援的组织与管理》，《解放军医学杂志》1993年第1期。
⑤ 金磊：《城市综合减灾的应急管理模式及方法》，《北京规划建设》1997年第3期。

系统的实例等角度进行分析。①

2003年"非典"疫情的发生，给我国经济、社会带来了强烈的冲击，亦是我国应急管理研究与改革的转折点。此后我国确立了"一案三制"的管理目标，并把自然灾害、事故灾难、公共卫生事件和社会安全事件归结为"突发事件"，进而逐步建立起应急管理体系。

二 中国应急管理体系的发展历程

2020年年初，新型冠状病毒导致的肺炎（以下简称新冠肺炎）疫情突然暴发，在全世界产生了巨大的负面影响。此次疫情是中华人民共和国成立以来传播速度最快、感染范围最广、防控难度最大的重大突发公共卫生事件，对中国人民生命财产和经济社会发展造成巨大冲击。为控制疫情，中国人民付出了较大的代价，基本控制住了疫情，疫情防控也进入了常态化阶段。其中有很多问题值得反思，比如我国今后的应急管理体系如何创新与完善，在此过程中我们始终不应该忘记历史，要从其历史发展进程中寻找启示。因此，从新中国成立以来的应急管理体系开始，梳理了其发展历程。具体可分为四个阶段。

（一）第一阶段：应急管理体系尚未形成（1949—2002年）

1. 以单灾种管理为主要特征的应急管理

自1949年中华人民共和国成立至2003年"非典"暴发之前，从官方文件、理论研究和媒体报道中都鲜有"应急管理"一词的说法与阐述。在此期间的相关实践更恰当地可以表述为"灾害管理"，并且主要是以单灾种应对为主的应急管理。采取

---

① 翟晓敏、盛昭瀚、何建敏：《辅助应急管理系统的设计与实现》，《东南大学学报》1998年第4期。

单灾种管理，主要有以下三个特点。一是简单的单部门负责机制。此时期的"灾害管理"在制度安排上未能做到整体布局，各机构属于不同的部门，管理体制较为分散。比如水利部门主要负责洪涝灾害的防范和应对，气象部门主要在气象灾害的预报和监测方面起作用，地震部门主要负责地震灾害的预报和监测，民政部门主要负责灾后的生活救助工作，安监部门主要责任是安全生产事故的预防、救援和调查。二是临时指挥部机制。当发生特大灾害与突发事件时，依靠既有行政机构临时成立指挥部或领导小组（或启动议事协调机构），并选派相应的干部应对危机，危机解除后即返回原单位，具有临时响应的特点。这些指挥部的设立是单部门负责制的重要补充，从而提升了多部门的组织协调能力。三是突发事件下的中央"兜底"机制。在"非典"疫情发生之前，地方政府在应对突发的灾害方面缺乏内生动力，且在管理过程中责任不清晰，机构设置零散、不齐全，中央政府承担了较大的责任，并成为地方政府的"最后屏障"。在此情形下，中国成立了国际减灾十年委员会，后来更名为中国国际减灾委员会，2005年更名为国家减灾委员会（简称"国家减灾委"）。

从上述三个特点中可以看出，以单灾种应对为主的应急管理体系倾向于采取事后应对的方式，以应急处置为主，被动应对。其优势在于高度集中、政治动员能力强；但也存在明显的不合理之处，比如风险意识不强、部门间协调不足、信息公开不够。虽有缺陷，但在应对此时期一些重大灾害方面起到了重要的作用，也奠定了中国应急管理体制的基础。

2. 中央日常性跨部门协调机构的建立

在此期间，中央层级建立了一系列日常性跨部门协调机构以应对突发事件。1949年10月27日,中央防疫委员会正式成立,周恩来任主任,郭沫若、聂荣臻任副主任,此后该机构于1952年更名为爱国卫生运动委员会。1950年2月27日,我国成立了中央救灾委员会,其中包括了内务部、财政部等12个有关部委,董必武任主任,但是在1958年"大跃进"运动中被取消。1950年6月7日,中央防汛总指挥部正式成立,董必武任主任,副主任由水利部部长傅作义、军事委员会部长李涛担任。1969年7月18日,我国又成立了中央地震工作小组,根据周恩来总理的重要指示,成立了中央地震工作小组、国家科委地震办公室和地质部地震地质办公室组成中央地震工作小组办公室。1971年8月,撤销中央地震工作办公室,成立国家地震局,作为中央地震工作小组的办事机构,统管全国地震工作,由中国科学院代管,此种管理体制一直持续到1988年。1978年以后,我国进入改革开放的新时期,在此快速发展的重要时期,我国也遭遇了一些较为严重的自然灾害,比如从1978年开始到1983年结束的北方大旱灾、1998年长江中下游发生的特大洪灾都对当时的经济、社会等产生了不小的负面影响。此时的应急管理机构并不多,重点的机构是国家计委安全生产调度局、民政部救灾救济司、国家地震局灾害防御司。直到1991年7月,国务院设立全国救灾工作领导小组,办公室设在国务院生产办公室。同时,国家救灾防病领导小组与前者密切配合。此后逐步成立的临时性灾害应急领导机构包括:国务院抗旱领导小组、国家防汛总指挥部(办事机构设在水利部,后改名为"国家防汛抗旱总指挥部")[①]。

[①] 赵朝峰:《新中国成立以来中国共产党的减灾对策研究》,北京师范大学出版社2013年版,第59页。

可以说,"非典"疫情暴发以前,中国的应急管理机制是以分类管理为主、临时机构响应的应急管理议事协调机制。当灾害等突发事件发生时,不同政府部门之间缺少沟通协作,小规模灾害的应对仍以地方政府为主要力量,中央政府的应急机构仅仅提供了协调、辅助的工作。

(二)第二阶段:应急管理体系的初步建立(2003—2007年)

早在2002年,党的十六大就提出,"面对很不安宁的世界,面对艰巨繁重的任务,全党同志一定要增强忧患意识,居安思危,清醒地看到日趋激烈的国际竞争带来的严峻挑战,清醒地看到前进道路上的困难和风险。"[①] 然而,2003年我国暴发了"非典"疫情,除了给人民的生命健康以及财产安全带来了负面影响,也对我国的应急管理提出了更大的挑战,这给我们敲响了警钟,也暴露出我国应急管理的短板与不足,包括应对重大突发事件的前期准备、灾害预警、应急预案、信息整合、应急响应和灾后恢复等方面都存在明显缺陷。如何更加有效、科学、规范、有序防范和处置重大突发事件显得特别重要。为此,党和政府提出了要建立突发公共卫生事件反应机制,提高公共卫生服务水平,提高突发性公共卫生事件应急能力。从此,我国逐步建立了应急管理体系。

1. 全面加强应急管理的工作正式启动

2003年,我国全面加强应急管理的工作正式启动。国务院常务会议审议并通过了《突发公共卫生事件应急条例》。2003年11月,国务院办公厅成立应急预案工作小组,重点推动应急预案编制和应急管理的体制、机制和法制建设工作(即"一案三制"),

---

① 江泽民:《全面建设小康社会,开创中国特色社会主义事业新局面》,人民出版社2002年版,第57页。

在此后几年中，此项工作逐步推进。

2. 应急预案的编制

2004年，我国开始应急预案的编制工作。同年3月，国务院办公厅在郑州召开应急预案工作座谈会，确定把围绕"一案三制"的应急管理体系建设作为当年政府工作的重要内容；4月，国务院办公厅印发《国务院有关部门制定和修订突发公共事件应急预案框架指南》；5月，国务院办公厅印发《省（区、市）人民政府突发公共事件应急预案框架指南》。9月召开的党的十六届四中全会明确提出，要建立健全社会预警体系，形成统一指挥、功能齐全、反应灵敏、运转高效的应急机制，提高保障公共安全和处置突发事件的能力。

3. 应急管理体制建设

2005年，我国逐步推进"一案三制"工作，加强应急管理体制建设。当年4月，国务院下发《国家突发公共事件总体应急预案》，总体预案将突发公共事件分为自然灾害、事故灾难、公共卫生事件、社会安全事件四类。按照各类突发公共事件的性质、严重程度、可控性和影响范围等因素，总体预案将其分为四级，即Ⅰ级（特别重大）、Ⅱ级（重大）、Ⅲ级（较大）和Ⅳ级（一般）。规定突发公共事件发生后，事发地的省级人民政府或者国务院有关部门在立即报告特别重大、重大突发公共事件信息的同时，要根据职责和规定的权限启动相关应急预案，及时、有效地进行处置，控制事态。此外，国务院是突发公共事件应急管理工作的最高行政领导机构，国务院办公厅设国务院应急管理办公室，履行值守应急、信息汇总和综合协调职责，发挥运转枢纽作用。在随后两个月内，国务院印发四大类25件专项应急预案。7月，国务院召开全国应急管理工作会议，要求各级政府成立应急管理机构。同年12月,国务院应急管理机构正式成立(即国务院应急管理办公室)。

4. 应急管理机制建设

2006年,我国主要推进了应急管理机制部署工作。1月8日,国务院发布《国家突发公共事件总体应急预案》;3月,十届全国人大四次会议审议并通过了"十一五"规划,第一次将应急管理列入国家国民经济和社会发展规划;6月15日,新华社受权发布了《国务院关于全面加强应急管理工作的意见》,意见的主要内容包括:一是加强应急管理规划和制度建设;二是做好各类突发公共事件的防范工作,比如开展对各类突发公共事件风险隐患的普查和监控、促进各行业和领域安全防范措施的落实、加强突发公共事件的信息报告和预警工作、积极开展应急管理培训;三是加强应对突发公共事件的能力建设,具体包括:推进国家应急平台体系建设、提高基层应急管理能力、加强应急救援队伍建设、加强各类应急资源的管理、全力做好应急处置和善后工作、加强评估和统计分析工作;四是制定和完善全面加强应急管理的政策措施,主要在应急管理的资金投入力度、发展公共安全技术和产品、公共安全科技支撑体系等方面着力;五是加强领导和协调配合,努力形成全民参与的合力。10月,党的十六届六中全会通过的《中共中央关于构建社会主义和谐社会若干重大问题的决定》明确指出:"要抓紧建立健全社会预警体系,建立健全突发事件应急机制和社会动员机制,提高保障公共安全和处置突发事件的能力。"

5. 应急管理法制建设

2007年,我国重点部署了应急管理体系的法制建设。8月30日,第十届全国人民代表大会常务委员会第二十九次会议通过了

《突发事件应对法》，对于应对突发公共事件，从事前、事中、事后的角度均做了规定，包括事前的预防与应急准备、监测与预警，事中的应急处置与救援，事后的恢复与重建。对各级政府的法律责任做了明确规定，正式实施时间为 11 月 1 日。10 月 15 日，中国共产党第十七次全国代表大会顺利召开并指出，要坚持安全发展，强化安全生产管理和监督，有效遏制重特大安全事故，完善突发事件管理机制。

综上所述，我国本阶段的应急管理的突出特点与贡献在于围绕以"一案三制"为核心的应急管理体系初步建立，该体系同时成为不同层级和职能部门行动的指南和标准，也为我国以后的应急管理体系的改进与完善奠定了重要基础，其影响深远，意义重大。

（三）第三阶段：应急管理体系的完善（2008—2017 年）

2008 年春节前夕，中国南方遇到了罕见的低温冰雪灾害，灾害天气持续时间久、影响范围广，波及国内多个省份，诸如广东、四川、重庆、贵州、云南、江苏、安徽、浙江、福建等地均受到不同程度的影响，各省的电力和交通运输遭受极大的破坏，人民群众生命财产安全受到威胁。2008 年 5 月 12 日，汶川特大地震的突然爆发，一方面给我国人民的生命健康以及财产安全造成了严重危害，另一方面也促使我国进入全面加强应急管理工作的新征程。在此之后，我国又接连遭遇了不少自然灾害与人为事故：2009 年年初我国多省份发生极端旱灾、2009 年 11 月北方地区发生罕见暴雪、2012 年 7 月华北地区发生百年一遇特大暴雨；在地质和地震灾害方面，2010 年 4 月青海省玉树县发生 7.1 级地震、2010 年 8 月甘肃省舟曲县发生特大泥石流、2013 年 4 月四川芦山县发生 7 级地震、2014 年 8 月云南鲁甸发生 6.5 级地震、2017 年

8月四川九寨沟发生7级地震。可见这一系列重大突发事件都在考验我国的应急管理能力，应急管理体系的完善被提上日程。

2008年汶川地震之前，我国以"一案三制"为核心的应急管理体系已经初步建立。因此，该时期应急管理的主要工作就是弥补缺陷，进一步提升应急管理体系的内部联动性与功能，从而把我国应急管理的整体水平推上新高度。重点围绕"一案三制"中的四个方面做出完善：一是应急预案建设的进一步补充；二是应急管理体制的优化；三是应急管理机制的进展；四是应急管理法制建设的进一步完备。

1. 应急预案的逐步完善

2011年，首先对《国家自然灾害救助应急预案》进行了修订，该修订案进一步细化部门分工，规范各部门应急救助行为，提高应急救助效率和水平是本次修订的突出特点，强调了国家减灾委办公室在自然灾害救助工作中的组织协调职责，明确了不同级别响应中的组织指挥体系，细化了各级救灾应急响应措施和各有关部门的分工配合等，强调建立健全上下联动、左右互动、军地合作、良性运转的救灾应急工作机制。2012年，我国对《国家地震应急预案》做了进一步完善，从组织体系、四级响应机制、地震监测、事中的应急响应与指挥协调以及灾后重建等方面做了细致的规定。2013年，国务院办公厅出台《突发事件应急预案管理办法》，这是贯彻实施《突发事件应对法》、加强应急管理工作、深入推进应急预案体系建设的重要举措。该办法明确了应急预案的概念和管理原则、规范了应急预案的分类和内容、规范了应急预案的编制程序、建立了应急预案的持续改进机制、强化了应急预案管理的组织保障。主要解决针对性、实用性、可操作性不强和培训不足，演练不够等问题，需要出台相应的管理办法予以明确和规范。2016年，我国对《国家自然灾害救助应急预案》又进行了一次修订，修订预案是在认真总结近年来发生的历次重特大自然灾害应对工作经验和做法基础上完成的。此次修订的目的是为适应当时我国自然灾害和救灾工作新形势、新变化。预案要求各地区、各有关部门应侧重做好四方面工作：一是组织开展贯彻学习和专题培训；二是及时修订地方各级相关预案，确保与国家预案有序衔接；三是适时组织开展预案演练活动；四是规范有序启动各级应急预案。总之，此阶段的应急预案质量更高，实用性以及可操作性更强。

2. 应急管理体制的优化

相比于"非典"疫情前的应急管理体制，我国此时期的应急管理体制更具常设性、综合性以及专业性。虽有明显的进步，但是面临的形势却更加严峻，这对我国的应急管理体制提出了新的挑战，并且体制上的短板也随之体现，主要是国务院和省级人民政府应急办的规定、职能，以及市、县人民政府应急管理机构在应对特大公共突发事件上不到位、各部门职责分散，并出现了应急管理过程中的职责"缺位"的现象，未能很好地解决实际问题。因此，需要有效激发属地政府的责任意识和行动能力，促使应急管理的重心下移以及部门的整合。为此，在应对2013年发生的芦山地震时，虽然国家与地方政府均成立了抗震救灾指挥部，但在应急响应组织网络中，中央政府适度"让位"，把更多的抢险救援的工作转给"四川省抗震救灾指挥部"，这在一定程度上提高了应急管理的效率。此外，深圳市设立了"深圳市突发事件应急委员会"，积极探索建立应急管理大部门，其特点就是具有"大应急"性质功能，着重弥补了职责零散化的缺陷，促进了职责整合。政府应急管理职能机构的设立缓解了应急管理职能零散化所带来的负面影响，促使了应急管理工作的高效进行，同时防灾、减灾、救灾的应急成本得到降低，提高了人们的工作积极性，为此后应急管理体制的完善奠定了基础。

3. 应急管理机制的进展

此时期的应急管理机制的突出问题是横向跨行政区域、跨政府部门的联动和协调机制不顺畅，难以应对那些综合性、复合型突发事件，这也成为汶川地震后完善机制的重点内容。2008年8月，广东与香港签署《粤港应急管理合作协议》，当年12月，广东与澳门签署《粤澳应急管理合作协议》，意味着粤港、粤澳应急管理联动机制建设取得了重要进展。2009年9月，在国务院应急管理办公室的大力支持和指导下，由广东省发起倡议，建立了全国第一个省级区域性的应急管理联动机制，为进一步推动我国应急管理区域合作积累了经验。同时，北京地区、长三角区域、晋冀蒙六城市、陕晋蒙豫四省区等地的应急管理联动机制建设也得到了进一步优化，效果明显。

4. 应急预案法制建设进一步完备

我国在建立应急预案的基础上，在相关法规、制度、政策方面也下了功夫，并持续完善。2008年，对《中华人民共和国防震减灾法》做了修订，补充了防震减灾规划和监督管理两方面内容。2010年，我国颁布了《自然灾害救助条例》，团结社会各种救助力量，使得受灾人员的基本生活得到保障、最大限度地减少灾害的负面冲击。2013年11月12日，党的十八届三中全会通过了《中共中央关于全面深化改革若干重大问题的决定》，明确提出"建立巨灾保险制度"，以期分散风险、降低灾害的影响。

2014年8月13日,《国务院关于加快发展现代保险服务业的若干意见》正式发布,确立了"建立巨灾保险制度"的指导意见。在此基础上,我国相继建立了地震保险、洪灾保险、火灾保险、雹灾保险等多种灾害险种。2016年,我国颁布了《中共中央 国务院关于推进防灾减灾救灾体制机制改革的意见》,从健全统筹协调体制、健全属地管理体制、完善社会力量和市场参与机制、全面提升综合减灾能力等方面做了细致规定。2017年,《国家突发事件应急体系建设"十三五"规划》出台,明确了"十三五"时期应急管理体系建设的主要任务,包括:一是加强应急管理基础能力建设;二是加强核心应急救援能力建设;三是加强综合应急保障能力建设;四是加强社会协同应对能力建设;五是进一步完善应急管理体系。这些文件的陆续出台,使我国灾害类突发事件应急管理得到进一步保障。

总之,此时期,虽然我国自然灾害等突发公共事件多发,但是以"一案三制"为核心的应急管理体系得到进一步完善,应急管理的能力得到提高,应急平台建设以及社会参与都有了进步与发展,为我国今后从容且有效地应对各类突发公共事件提供了重要保障。

(四)第四阶段:应急管理现代化(2018年至今)

1. 应急管理现代化的背景

中国共产党第十九次全国代表大会的胜利召开,意味着我国进入新时代,主要矛盾也发生了改变。我国社会主要矛盾已经转化为人民日益增长的美好生活需要和不平衡不充分的发展之间的矛盾。因此,新时代的应急管理也应当满足人民对于安定、美好生活的需要。

2. 应急管理部的成立

在这种形势与背景下,2018年3月,新一轮党和国家机构改革,在原国家安全生产监督管理总局职责基础上整合多个部门的职责成立应急管理部。应急管理部成立后,其将肩负起中国应急管理与防灾减灾救灾的重要使命。

应急管理部主要职责是组织编制国家应急总体预案和规划,指导各地区各部门应对突发事件工作,推动应急预案体系建设和预案演练;建立灾情报告系统并统一发布灾情,统筹应急力量建设和物资储备并在救灾时统一调度,组织灾害救助体系建设,指导安全生产类、自然灾害类应急救援,承担国家应对特别重大灾害指挥部工作;指导火灾、水旱灾害、地质灾害等的防治;负责安全生产综合监督管理和工矿商贸行业安全生产监督管理;负责应急管理、安全生产宣传教育和培训工作,组织指导应急管理、安全生产的科学技术研究、推广应用和信息化建设工作;开展应急管理方面的国际交流与合作,组织参与安全生产类、自然灾害类等突发事件的国际救援工作等。2019年12月,应急管理部、民政部研究起草了《关于进一步推进社会应急力量健康发展的意见(征求意见稿)》,目的是发动全社会的应急力量,使其共同参与到防灾减灾灭灾的行动之中,共建全社会参与的应急管理体系。

3. 应急管理现代化建设的展望

2020年,世界人民受到了新冠肺炎疫情的强烈冲击,在一定程度上改变了中国乃至世界的发展格局。以习近平同志为核心的党中央深刻把握我国社会主要矛盾发展变化带来的新特征新要求,提出要"加快形成以国内大循环为主体、国内国际双循环相互促进的新发展格局"[1]。这是着眼于中国经济中长期发展做出的

---

[1] 中共中央宣传部、中华人民共和国外交部编:《习近平外交思想学习纲要》,人民出版社、学习出版部2021年版,第203页。

重大战略部署，对于全党全国人民增强机遇意识和风险意识，实现更高质量、更有效率、更加公平、更可持续、更为安全的发展，有力拉动世界经济复苏和增长具有重要而深远的意义。因此，在此情形下，建立完善的应急管理体系是与我国治理体系与治理能力现代化相匹配，也是进一步完善治理体系和提升治理能力的重要机遇。

面对此次疫情，在以习近平同志为核心的党中央的坚强领导下，中国人民不怕任何艰难险阻，迎难而上，取得了重要的胜利，疫情防控进入常态化。在此期间，为应对疫情，我国陆续出台了一些资金监管以及保障政策，比如《关于新型冠状病毒感染肺炎疫情防控有关经费保障政策的通知》《关于进一步做好新型冠状病毒感染肺炎疫情防控经费保障工作的通知》《关于加强新冠肺炎疫情防控财税政策落实和财政资金监管工作的通知》，有力地保障了疫情防控期间的资金监管、物资储备、企业运行和经济恢复。当前疫情并没有结束，世界许多国家还受到疫情的困扰，在我国部分地区依然有少数的病例出现，因此，疫情的防控绝不能放松，我们需要以此为鉴，反思危机，筹划未来，要在以习近平同志为核心的党中央坚强领导下，通过治理体系创新和治理能力提升，构建、完善中国特色的应急管理体系，团结社会各界力量，共同应对疫情。

三 中国应急管理体系建设存在的问题与建议

（一）中国应急管理体系建设存在的问题

从我国应急管理体系的初步建立至今，其整体运行过程并不长，取得的成效明显，但也存在一定缺陷，尤其是在经历此次新冠肺炎疫情的冲击后，暴露出的一些问题值得深入反思。当今的世界格局充满了不确定性，我国今后可能面临更多的挑战，突发事件也会更多、更复杂、破坏程度更大，应急管理体系能否经得起实践的检验，就需要在事物的动态变化中不断完善，方可从容应对多重不确定性的冲击。为实现这一目标，最重要的就是找出其根源，并努力解决。我国当前的应急管理体系的问题主要体现在如下几个方面。

1. 以安全发展为导向的顶层设计有强化的空间

一是当前政府的风险防范意识和科学决策能力有待提高。二是合理地处理各种关系的问题亟待解决。比如发展与应急的关系、政府与市场的关系、中央与地方的关系、综合机构与专业部门的关系、政治决策与专业指挥的关系等。只有从更高的角度看待应急管理，才能更好地解决其存在的问题。三是应急管理的根基需要巩固。一些地方和部门不同程度地存在重视应急管理的速度、轻视最终的效果，强调做表面文章、不重视巩固基础，追求眼前的效果、不从长远规划未来等问题。这都不是合理的发展路径，持续下去反而存在更大的风险隐患。

2. 应急管理的能力与制度建设需要加强与完善

我国重视政府、军队、企业、社团组织、公众等多元主体参与应对公共突发事件。但是，在此过程中也存在比较明显的问题：一是政府承担的责任较多，倾向于对社会事务大包大揽，忽略社会力量的重要作用；二是专业应急队伍整合与建设不到位；三是在指导全社会力量参与的应急管理的过程中，缺少在法规以及市场机制层面加以规范；四是部分领导干部思想麻痹、危机意识缺失。比如在面对新冠肺炎疫情中，没有及时启动扁平化应急处置机制，没有及时采取严格的隔离和防护措施阻断病毒传染途径，而是将其当作普通日常问题，按部就班、不紧不慢地非专业处置，造成了一些不良后果。

3. 应急管理机制需要更加细化与标准统一

当前，我国各地各部门机制建设的科学化、规范化工作还有进一步优化的空间，主要体现在以下方面。一是应急机构的应对机制缺乏系统化和制度化。二是上升到国家层面的一些重要机制，标准不统一、内容不健全，如风险评估、重要基础设施与关键资源保护、问责机制等还是显得单薄。三是应急体制的一些重要环节的实际可操作性需要加强，方案调整的灵活性不够。四是部门配合、条块结合、区域联合、资源整合等机制的联动与衔接还存在一些问题。

4. 应急管理法制建设有待加强

我国的应急管理法制基本框架建立，但是在细节问题方面有完善空间。比如法制体系缺乏具体的配套制度和实施细则，许多立法可操作性不强，且内容较为原则、抽象，《突发事件应对法》的可操作性需要进一步优化。

5. 应急预案的针对性、可操作性以及重要性有待进一步提高

比如预案在制定过程中，缺乏系统科学的风险评估和应急资源调查，导致预案在完备性、针对性与有效性上有所欠缺。再如此次新冠肺炎疫情，2020年1月29日，全国所有省份启动重大公共卫生事件一级响应，依据就是各省份公共卫生突发事件应急预案，但由于缺乏应急预案意识，很少有省份提到"根据突发公共卫生事件应急预案启动应急响应"字样，也没有相关部门通过各种方式将应急预案及时公布于社会，导致疫情控制受到影响。

（二）完善我国应急管理体系的建议

习近平总书记在党的十九大报告中指出："坚持总体国家安全观。必须坚持国家利益至上，以人民安全为宗旨，以政治安全为根本，统筹外部安全和内部安全、国土安全和国民安全、传统安全和非传统安全、自身安全和共同安全，完善国家安全制度体系，加强国家安全能力建设，坚决维护国家主权、安全、发展利益。"[1] 因此，我国的应急管理体系建设的思路应当坚持习近平新时代中国特色社会主义思想，以总体国家安全观为统领，以坚持安全发展为理念，以保障人民生命安全和身体健康为根本，以实现国家治理体系和治理能力现代化为目标，以做好预防和应急准备为主线，以提高风险防范意识与应急管理能力为核心，以科技与信息化为支撑，以加强统筹协调优化的顶层架构为抓手，按照编织全方位、立体化公共安全网的要求，坚持底线思维，坚持目标导向与问题导向相结合，依法依规依标准推动，建设以人为本、底数清、责任明、韧性强、反应快、全流程、与时俱进的中国特色应急管理体系。具体可从以下四方面入手。

1. 进一步优化应急预案体系

应急预案编制的目的是应对未来可能发生的公共事件，并在遵循相关法律法规的基础上制订应急方案，从而更好地实施控制与救助。面对错综复杂且多变的形势，我国今后的应急预案应当追求更高目标，为高质量发展打下良好的基础，并且需要满足规范应急管理职责和流程、提高应急反应速度和降低人员伤亡损失等方面的需要。因此，各级政府及相关职能部门必须根据实际情况修订与完善应急预案，精选有能力的人员对现有各类应急预案进行全方位、全要素系统优化与逐步升级，并且严格把关应急管理各环节责任与措施，充分体现应急预案的科学性、完整性、针对性、可操作性、严密性。除了对应急预案的理论内容进行完善

---

[1] 习近平：《决胜全面建成小康社会　夺取新时代中国特色社会主义伟大胜利——在中国共产党第十九次全国代表大会上的报告》（2017年10月18日），人民出版社2017年版，第24页。

之外，还需要对其操作演练，其一可以检验其效果，并能不断完善。其二可以较好地宣传应急预案。其三可以提高应急队伍的整体素质与能力。最终可以使我国的应急管理工作更加科学、公开、规范。

2. 全面规划国家应急管理体制架构与顶层设计

第一，按照科学合理、权责统一的原则，合理安排中央和地方各级综合应急管理机构设置，优化国家应急管理组织体系。首先，从中央到地方，需强化应急管理的统一指挥、综合协调。在国家层面建立中央应急管理委员会，省、地市级、县（市、区）级层面也相应建立党委统一领导的应急管理委员会。其次，在各层级建设综合应急指挥中心，应急管理委员会办公室设在指挥中心。再次，发生重大突发事件时，综合应急指挥中心作为指挥部，协助各级党委政府指定的负责同志组织应急处置工作。最后，国家出台相关政策文件，指导地方进一步规范应急管理组织领导体系建设，确保上下衔接顺畅、有效联动。

第二，加快推进国家综合应急指挥中心（综合应急指挥管理系统与平台）建设，构建中国特色"集中统一"的国家综合应急指挥管理体制。确定指挥中心的基本结构，带动全国建立高效统一、上下对应、口径一致的应急管理指挥体制。完善工作机制，实现应急指挥多层畅通、标准统一、灵活高效，真正做到部门配合、条块结合、区域联合、军民融合、资源整合。严格把关综合应急指挥中心的工作人员，挑选有实战经验、勇于担当，不怕吃苦、防范意识高的人才。

第三，坚持"政府统筹协调、社会广泛参与、防范严密到位、处置快捷高效"的基层应急管理工作原则，努力构建"统一领导、属地负责，机关、企事业、学校、社区、农村等社会单元为基础"的"群众自防自治、社区群防群治、部门联防联治、相关单位协防协治"的基层应急管理体系。

3. 注重能力建设，做好应急管理机制的顶层设计

第一，要以能力建设和应对重大风险为导向，形成全国范围内的应急机制整体框架。具体要做到：一是基于风险意识与底线思维理念，开展巨灾风险防范能力和安全意识与素养建设；二是针对应急管理过程中各个主要阶段的核心能力（包括应急准备能力、综合防范能力、快速决策与反应能力、恢复重建能力）开展通用机制建设。

第二，加强国家应急管理机制顶层设计，着力构建国家应急能力框架，编制《国家突发事件应对框架》《国家应急准备指南》等政策文件并设计与之匹配的能力指标，出台《国家应急能力清单与通用应急机制框架》等相关文件，统一并规范全国范围内的机制建设。

4. 健全应急管理法律体系

应急管理法律体系的完善，需要中央与地方同时发力，才可以取得明显的效果。从中央政府的角度，在尽快梳理与优化应急管理法律法规的基础上，进一步研究并制定应急管理、自然灾害防治、公共卫生、应急救援组织、国家消防救援人员、危险化学品安全等方面的法律法规，构建与国家治理体系和能力现代化要求相适应的系统完备、科学规范、运行有效的应急管理法律体系，为应对各类突发事件提供法制保障。从地方政府的角度，除了坚决执行《突发事件应对法》《传染病防治法》《野生动物法》《动物保护法》《动物防疫法》《突发公共卫生事件应急条例》等法律法规外，还要在全社会范围内营造良好的法律环境，增强全民学习法律的意识与兴趣，需要加大应急法律法规的宣传与科普

的力度,从宣传力度、宣传时间以及传播途径方面下足功夫。

第二节　应急预算

一　应急预算的资金分类

应急预算的关键是应急财政资金。应急财政资金是指国家为应对突发公共事件而用于突发公共事件的预防监测与救援恢复等方面的财政支出,最终为了实现疾病救治、社区防控以及经济恢复等目的。应急财政资金的使用在很大程度上决定了应急管理的效率。我国在应对公共突发事件时,可以使用的资金来源比较广泛,如上级的转移支付、社会捐赠、各级政府预算应急支出、医疗支出、社会保障支出、社区管理支出、预备费、财税优惠政策等。然而,其中主要资金来源还是应急预算支出。此外,近些年来,随着各级财政收支规模的逐步扩大,各"类""款""项"中与应急救灾有关的各种支出的规模也在总体上呈现稳定增长的态势。我国的应急预算资金主要分为以下三个方面。

(一)应急财政支出资金

应急财政支出资金为预防和预测突发公共事件发生的财政支出,如地震部门为监测预报地震灾害而发生的费用;或者为应对某种可预见的突发公共事件安排预算支出,如农业部门在病虫害控制、灾害救助方面所做的财政预算支出;或者在突发公共事件发生后为受灾地区恢复重建安排的财政支出,如专为"5·12汶川地震"灾后重建设置的"地震灾后恢复重建支出"支出项。涉及应急的财政支出科目已基本覆盖了突发公共事件"事前、事中、事后"的各阶段,可以有效应对当年发生的较为常见的、危害级别较低的自然灾害、生产事故等突发公共事件。

（二）预备费

财政预备费作为应急财政管理的重要内容，在各国预算管理中均具有重要地位。其主要的含义可以理解为在预算编纂过程中，针对临时性或紧急性的资金支出需求而设置的、不预先确定具体用途的后备性基金，这是现代预算审慎管理原则的重要体现。预备费是最基本也是最重要的应急资金来源，它是一种制度性的风险准备金。从财政预备费的设置目的来看，有应急预备费、预算平衡预备费、公共设施建设预备费等主要类型。

应急资金优先动用的是预备费。《预算法》第六十九条进一步明确预备费的使用程序：在预算执行中，由于发生自然灾害等突发事件，必须及时增加预算支出的，应当先动支预备费；预备费不足支出的，各级政府可以先安排支出，属于预算调整的，列入预算调整方案。预备费也是一种常规应急手段，属于预算内支出。预备费的设立旨在解决财政预算执行过程中因资金不足而需要临时追加支出的特殊情况。我国分别设置了中央预备费和地方预备费，是专门用于财政预算中不可预测的突发公共事件的重大支出。《预算法》第四十条规定："各级政府预算应当按照本级政府预算支出额的1%—3%设置预备费，用于当年预算执行中的自然灾害等突发事件处理增加的支出及其他难以预见的开支。"这里要特别说明的是，预备费并不完全等于应急财政资金，不是专门为突发公共事件应急的储备，它可用于任何当年未列入财政预算支出的政府支出。

预备费本身具有重要的、不可替代的"稳定器"和"保护屏障"功能，而绝非一笔简单意义上的机动财力。如果预备费提取比例偏低或相对数额较小，在一定程度上暴露出公共风险意识的缺失和制度安排上的隐患。全方位、立体化的公共财政应急资金保障机制的构建,需着重针对预备费制度与管理中存在的问题采取必要的对策措施,并且对各级财政预备费的非应急性使用严格地加以控制。在修订《预算法》的过程中,可考虑将各级财政提取预备费的浮动比例提高,进而充实和壮大后备财力的基础。在《预算法》修订之前,可通过采取一定的政策性手段,鼓励各级财政部门按照规定足额提取预备费。

(三) 预算稳定调节基金

我国于2006年开始设立的预算稳定调节基金,专门用于弥补短收年份预算执行收支缺口,也可作为应急财政资金的常规来源。预算稳定调节基金的实质是应对突发事件、自然灾害、贫困地区人口的财政保障资金。有了调节基金,国家在遇到突发公共事件时,就不必再临时调拨资金,挤占其他财政支出项目。同时,设立预算稳定调节基金,可将财政预算外收入部分纳入基金管理,并进入预算管理的框架内接受全国人大的监督,解决了长期以来财政超收部分游离于预算监督之外的问题。和预备费相比,中央预算稳定调节基金规模相对较大,抗风险能力也较强。

二 应急预算功能

从历史上看,我国发生的自然灾害并不少,并且由于自然灾害的发生而导致的经济损失,总体上也呈现出不断扩大的趋势。与此同时,我国针对自然灾害等突发事件而安排的用于"救灾救济"方面的财政支出,也在整体上逐渐出现了逐年递增的态势。所以,随着应急财政资金总量的不断增长,如何更好地对其进行管理和监督就成为财政管理的重要工作内容。其中,应急预算就起到了关键的作用,为此,需要认清并充分发挥应急预算的功能,从事前、事中、事后三个角度来讲,主要包含以下几个方面。

（一）提高灾前预防能力

及时、有效应对各类突发的公共事件，离不开事前的有效预防，如果开始就有针对性地防控各类风险，也就把突发性公共事件的发生扼杀在摇篮之中。此时，应急预算管理的事前预防能力体现在应急资金可以为社会防灾、减灾建设提供资金支持，提高整体预防能力。具体表现为，用于研发、更新相关的应急技术和设备，用于社会灾害教育、宣传，用于救援人员队伍的人力开支，以及用于应急物资储备和更新等。充足的应急资金是提高应急管理中硬件、软件水平的物质基础。

对应的支出为事前预防性支出，是各级财政安排的准备用于各类突发事件的应急管理支出，主要包含三方面：（1）预备费；（2）用于应急管理各相关部门行政事业费中的防灾减灾支出；（3）应急物资储备支出。其中各部门的防灾减灾支出包含在各相关部门行政事业费中，通过部门预算一并下达到各相关部门。应急物资储备支出具体包括应急救援装备、应急医疗物资和紧急救灾物资的费用支出。

（二）提高灾时救援能力

灾害发生后，应急救援工作需要在短时间内获得大量资金用于支付应急抢救、灾民转移、安置的费用，包括救灾物资的费用、救援人员的人力资源费、灾民的基本生活支出等。充足的应急资金可以为灾害救援提供经济保障。此时，应急预算的作用，除了为应对各类突发公共事件提供资金外，还有效配合了应急管理工作的顺利进行。因为应急管理在应对突发公共事件时，需要应用科学、技术、规划与管理等手段，进而承担防范化解重大安全风险、及时应对处置各类灾害事故的重要职责，这都需要在应急预算中合理安排各类资金予以支持。

与此相应的支出为事中应急响应支出，主要是各种应急响应经费支出和受灾居民的安置救济支出。这类支出目前在我国财政上主要体现在每年预算安排中的救灾资金，如自然灾害救济费，包括生活救济费、紧急抢救、转移、安置受灾群众支出等，其中生活救济费用于解决受灾民众自己无力克服的吃饭、衣被、修复住房和因灾引起疾病治疗困难的生活救济费，安置、抢救、转移费用主要用于在发生特大自然灾害的紧急情况下临时安置、抢救、转移受灾群众的费用。

(三) 促进灾后恢复重建

突发公共事件往往给社会生产、生活带来严重破坏，导致人员伤亡、生产停滞、设施损毁等。应急资金用于灾后恢复重建的领域包括，公共基础设施的重建、倒塌住宅的维修与重建、企业生产的恢复、教育、医疗事业的恢复等。

此阶段对应的支出为事后灾后恢复与重建支出，是突发事件发生后，政府为恢复正常的社会生产生活秩序而进行的各种事后处理活动所需要的各项开支。如清理费、公共基础设施重建费、受灾群众住房重建费等。目前，在我国政府财政上主要表现为每年预算安排救灾资金中的灾后恢复重建资金。

第三节 应急管理与应急预算的关系

公共预算制度是应急管理改革的重要实现平台。实施应急预算改革，使应急管理过程既满足合乎规范要求又能产生应有的绩效，是提升我国应急管理水平的重要载体。我国已走过一段较长时期的应急管理改革路程，其中公共预算在应急管理过程中已经或正在发生极为关键的积极作用。由于种种原因，至今没有实现其与应急管理的无缝对接,即两者的紧密融合。应急预算改革要求将应急管理的全过程严格融入公共预算的标准程序中去。一般来讲,公共预算制度由一套逻辑严密、周而复始的标准程序组成,其中主要包括四个阶段:预算准备与编制、预算审查与提交、预算执行与控制、预算评估与报告。可见,在应急管理中,应急预算的作用较为重要。应急管理体系的优化、完善离不开应急预算的有效配合,并且需要形成两者的合力。那么自然有必要分析应急管理与应急预算的关系,具体体现为以下两点。

一 应急管理需要应急预算的助力

政府部门承担着社会管理和公共服务职能,应当把保障公众健康和生命财产安全作为首要任务,最大限度地减少突发公共事件及其造成的人员伤亡和危害各部门要按照职责分工做好突发公共事件的应对工作,做好应对突发公共事件的人力、物力、财力、交通运输、医疗卫生及通信保障等工作,做好应急处置和救援工作,保障恢复、重建工作的顺利进行。财政部门作为宏观调控部门,承担着配置社会公共产品和公共服务的重要职能,应当而且必须从财力及政策上给予应急管理支持,那么应急预算的作用就体现在其中。

总体而言,应急管理需要财政助力基于三点基础理论:第一,公共产品理论;第二,公共产品的受益范围理论;第三,财政风险理论。

(一)公共产品理论是财政介入应急管理的理论基础

突发性公共事件无法通过市场途径加以解决,也无法通过保险市场完全规避风险,处理突发性公共事件时所形成的社会成本一般也难以通过市场机制转化为私人成本。所以,从本质上来说，政府的应急管理就是一种公共物品，由于应急管理涉及人民群众财产安全，关系国家经济、社会的稳定，是构建社会主义和谐社会的重要组成部分。因此，应急管理属于社会公共产品和公共服务的一部分，应当由政府提供。当突发性公共事件发生时，财政从逻辑上和结果上都责无旁贷地肩负着应对的重任，并且其作为掌管社会资源再分配的重要部门，应当通过完善应急预算制度，调整支出结构，整合资源的方式，支持应急管理，保证应急管理准备和救援工作资金。从而充分发挥应急预算在应急管理体系中的作用，做好防范和化解突发公共事件的最后一道防线。但是，我国现行的应急预算管理研究尚处于起步阶段，应急预算管理机制尚需完善。

(二) 公共产品受益范围理论是突发公共事件分级负责管理制度的理论基础

政府的责任及其限度是财政学的基本问题，也是财政联邦主义理论所要回答的核心问题。传统财政分权理论要求明确政府内部不同政府级次之间的分工，"分级负责"明确了各级政府在应对突发公共事件中的责任，要求合理划分中央与地方的事权与财权，明确政府、市场以及非政府私人组织的责任分工，要求应急预算资金来源的多元化以及管理监督的社会化。

(三) 财政风险理论是应急预算支撑应急管理的必然要求

正如前文中所讲到的，财政风险具有公共性的特征，主要体现在两点：(1) 财政风险的承担主体是政府，政府行为也将会影响整个社会；(2) 财政风险一旦发生就有可能损害政府的正常运行。同时，财政风险反映了整个社会的公共风险，而社会公共风险需要政府或相关社会组织去应对化解，在此过程中社会公共风险就会向财政传导，积聚为财政风险。

此外，财政风险又表现在支出风险、税收风险、国债风险以及系统风险。这些风险表现形式贯穿在应急预算助力应急管理的过程中。突发的公共事件本身可以引发财政风险，比如增加政府支出负担、税收质量与数量降低、债务负担增加，如果应急预算未能很好地应对突发事件，应急管理就受到影响，财政风险就会进一步加大，进而影响到应急预算对应急管理的重要作用。

二 应急预算在应急管理中发挥的作用

财政部门作为社会公共资源的分配管理部门，应当着力于提高应急管理相关公共产品和公共服务的质量，着力于解决市场不能发挥作用的领域，这就需要充分发挥应急预算的作用，合理地处理政府与市场之间的关系，并且重视风险的防范与化解。

（一）通过应急预算安排保障应急管理相关公共产品和公共服务的质量

财政部门要按照建设有中国特色社会主义市场经济的要求，对于市场可以发挥作用的竞争性领域，要逐步退出；对于市场失灵或者市场供给不足的领域，财政部门应当加大介入力度。从应急管理来看，对应到财政中应急预算的部分，要合理界定市场和政府的边界，明确政府和市场的职责，确定各自发挥作用的领域。对于可以通过市场解决的突发公共事件，政府要在财力和政策上对保险机构予以支持，通过完善和调整公共预算政策和制度，培育和扶持保险市场健康发展，由市场进行自我调节。

（二）通过调整预算支出增大财政应急管理的投入力度

政府要监测市场的发展，对整个市场做好规划，确保市场的健康、有序、稳定发展。对于市场失灵或者市场供给不充分的领域，财政部门要重点保障公共产品和公共服务的供应。首先，要运用和调整税收政策，完善预算收入，对受突发公共事件影响较大的行业、企业和个人，要通过税收优惠政策增强他们应对突发公共事件的能力。其次，优化和调整财政支出结构，调整预算支出，加大财政应急管理的投入力度，保障应急管理部门的日常管理工作经费；突发事件发生以后，财政部门要及时拨付应急救援资金，保障救援物资的及时到达，而且要安排专项资金支持受灾地区的恢复与重建工作。

（三）应急预算为应急管理的运行提供资金支持

应急管理体系的完善和顺畅运作，离不开应急预算的助力。在此过程中，应急预算最主要、最基本的是为应急管理提供了资金保障。进一步讲，应急资金的有效调配为应急管理提供了物质保障，没有资金的支撑就无法实现应急管理的有效运行。可见，从最基本的关系中就可发现应急预算在应急管理体系中的重要作用。当面对突发的公共事件时，应急预算贯穿在应急管理体系全过程，有力地保证其应对各种突发状况。

（四）以公共风险为导向的应急预算监督保障了应急管理有效进行

应急预算管理是政府的一项重要职能，应急预算规范安排着财政活动，直接体现着政府的政策意向，直接关系着在突发公共事件情形下的社会经济运作效果。应急预算管理的有效实施离不开财政预算监管的助力。应急预算监管通过对政府部门预算编制、预算执行、预算调整和决算全过程的监管，确保财政资金的使用效率，确保公共受托责任得到履行，是财政管理的重要组成部分和根本制度保障，也是应急管理体系有效运作的重要根基。

同时，公共风险的发生与应急预算支出绩效关系密切，如果不能对其加强监管、提升资金使用效率，将会产生公共风险并且对整个应急管理体系造成不小的负面影响。因此，应急预算以防范化解公共风险为导向深入应急管理的实践当中，对更好地应对公共风险具有重要的作用与意义。

第四节　本章小结

从本章应急管理的发展历程中可以看出，新中国成立以来虽然经历了许多突发的公共事件，但是伴随产生的应急管理体系也在此期间逐步建立、优化与完善，虽然目前还存在许多矛盾与问题亟待解决，但也在逐步走向成熟。面对未来更多的不确定性以及更加多变的局势，想要有效地应对突发公共事件，需要在应急管理体系的完善过程中，提升财政的地位与作用。然而，财政融入应急管理的过程中，很重要的一点就体现在应急预算方面，其发挥的作用应当越来越大。因此，如何全面、有效地应对公共突发事件，保证人民的生命、健康、财产不受到侵害，最大限度地降低其带来的负面影响，需要深入思考。这一方面需要从应急管理体系的完善入手，另一方面需要从应急预算的角度找到有效的突破口。最终形成两者的合力，从容应对各类公共突发事件。

第四章 中国应急预算管理现状

第一节 应急管理机构运行状况

在经历了1998年亚洲金融危机及特大洪水和2003年"非典"疫情的袭击后,公共突发事件威胁着我国国民经济和社会稳定,而我国当时的行政管理体系并不能妥善应对这些风险,因此自2004年起我国开始建设应急行政管理体系。2005年4月国务院率先颁布《国家突发公共事件总体应急预案》并于7月召开全国应急管理工作会议,我国应急行政管理体系建设就此拉开序幕。截至2006年年底,我国制定包括《防震减灾法》《破坏性地震应急条例》等在内的应急预案130余万件,并于2006年年初建立了以《国家突发公共事件总体应急预案》为核心,以21项国家专项预案和57件部门预案为基础,31个省级总体预案为框架的全国应急预案体系(见表4-1)。2007年11月1日正式实施的《突发事件应对法》,以及2008年5月1日起施行的《政府信息公开条例》,标志着我国应急管理法制的形成。至此,我国形成了以"一案三制"为核心的应急行政管理体系。

表 4-1 全国应急预案文件汇总

国家总体预案	国家突发事件总体应急预案
国家专项预案	国家自然灾害救助应急预案
	国家防汛抗旱应急预案
	国家地震应急预案
	国家突发地质灾害应急预案
	国家森林火灾应急预案
	国家安全生产事故灾难应急预案
	国家处置铁路行车事故应急预案
	国家处置民用航空器飞行事故应急预案
	国家海上搜救应急预案
	国家处置城市地铁事故灾难应急预案
	国家处置电网大面积停电事件应急预案
	国家核应急预案
	国家突发环境事件应急预案
	国家通信保障应急预案
	国家突发公共卫生事件应急预案
	国家突发公共事件医疗卫生救援应急预案
	国家突发重大动物疫情应急预案
	国家食品安全事故应急预案
国务院部门应急预案	公路交通突发公共事件应急预案
	人感染高致病性禽流感应急预案
	建设系统破坏性地震应急预案
	铁路防洪应急预案
	破坏性地震应急条例
	国家突发地质灾害应急预案
	农业重大灾害应急预案
	农业转基因生物安全突发事件应急预案
	处置重大外来林业有害生物灾害应急预案
	气象灾害应急预案
	风暴潮、海啸、海冰灾害应急预案
	赤潮灾害应急预案

续表

国家总体预案	国家突发事件总体应急预案
国务院部门应急预案	兵团红十字会自然灾害等突发公共事件应急预案
	国防科技工业生产安全事故应急预案指导意见
	建设工程重大质量安全事故应急预案
	城市桥梁重大事故应急预案
	铁路交通事故应急救援和调查处理条例
	铁路危险货物运输应急预案
	国家处置铁路行车事故应急预案
	水上交通事故应急救援预案
	互联网网络安全应急预案
	渔业船舶水上安全突发事件应急预案
	农业环境污染突发事件应急预案
	特种设备重特大事故应急预案、特种设备应急救援预案
	非煤矿山事故灾难应急预案、矿山事故灾难应急预案、尾矿库事故灾难应急预案
	危险化学品事故灾难应急救援预案
	陆上石油天然气开采事故灾难应急预案
	陆上石油天然气开采储运灾难事故应急预案
	海洋石油天然气作业事故灾难应急预案
	国家处置民用航空器飞行事故应急预案
	药品和医疗器械突发性群体不良事件应急预案
	生活必需品市场供应突发事件应急预案
	工商行政管理系统市场监管应急预案
	大型体育赛事及群众体育活动突发公共事件应急预案
地方应急预案	北京市突发公共事件总体应急预案
	天津市突发公共事件总体应急预案
	河北省突发公共事件总体应急预案
	山西省突发公共事件总体应急预案
	内蒙古自治区突发公共事件总体应急预案
	辽宁省突发公共事件总体应急预案
	吉林省突发公共事件总体应急预案

续表

国家总体预案	国家突发事件总体应急预案
地方应急预案	黑龙江省突发公共事件总体应急预案
	上海市突发公共事件总体应急预案
	江苏省突发公共事件总体应急预案
	浙江省突发公共事件总体应急预案
	安徽省人民政府突发公共事件总体应急预案（试行）
	福建省人民政府突发公共事件总体应急预案
	江西省突发公共事件总体应急预案
	山东省突发公共事件总体应急预案
	河南省突发公共事件总体应急预案
	湖北省突发公共事件总体应急预案
	湖南省人民政府突发公共事件总体应急预案
	广东省突发公共事件总体应急预案
	广西壮族自治区突发公共事件总体应急预案（简本）
	海南省人民政府突发公共事件总体应急预案
	重庆市突发公共事件总体应急预案
	四川省突发公共事件总体应急预案
	贵州省突发公共事件总体应急预案
	云南省突发公共事件总体应急预案
	西藏自治区突发公共事件总体应急预案
	陕西省突发公共事件总体应急预案
	甘肃省人民政府突发公共事件总体应急预案
	青海省人民政府突发公共事件总体应急预案
	宁夏回族自治区突发公共事件总体应急预案
	新疆维吾尔自治区突发公共事件总体应急预案

资料来源：截至2020年10月23日，根据中华人民共和国中央人民政府官网，国家专项应急预案21项中有3项未发布，除国务院部门应急预案57项中除公路交通突发公共事件应急预案、人感染高致病性禽流感应急预案外，表中文件是作者搜集，其他均未发布。

我国在面对突发事件时，我国政府以国务院为枢纽，协调相关事件的国务院应急指挥机构、若干个职能部门进行统一救援，具体行动轨迹如图4-1所示。

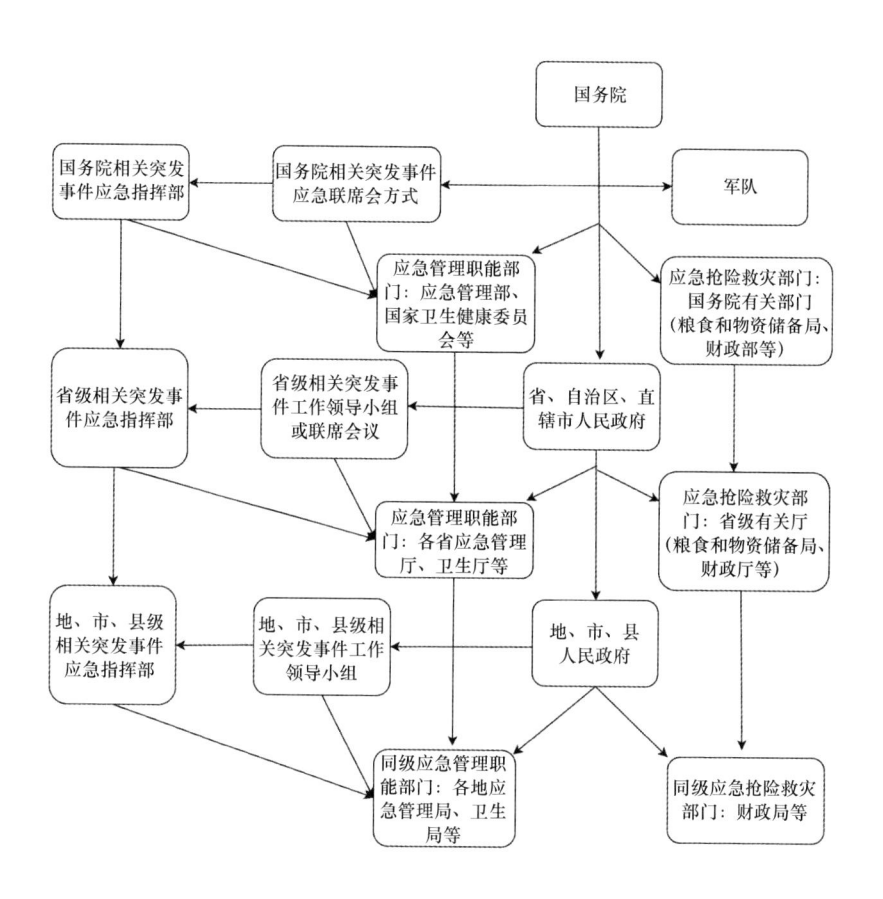

图4-1 突发事件应急管理流程

资料来源：根据《突发事件应对法》，参考赵要军、陈安《地震类突发事件中的公共财政应急机制》，《自然灾害学报》2010年第1期等，作者整理而得。

一旦突发事件发生，我国政府机构则会按照上述轨迹进行运转，其中较为关键的职能部门分别是国务院及各地政府、应急管理部及各级应急管理厅（局）、财政部及各级财政部门和其他应急管理职能部门。

一 国务院及各地政府

国务院及各地政府应对突发事件时的职责，主要是依据2007年8月中华人民共和国第十届全国人民代表大会常务委员会第二十九次会议通过的《突发事件应对法》来进行划分。

《突发事件应对法》第八条规定，国务院在总理领导下研究、决定和部署特别重大突发事件的应对工作；根据实际需要，设立国家突发事件应急指挥机构，负责突发事件应对工作；必要时，国务院可以派出工作组指导有关工作。县级以上地方各级人民政府设立由本级人民政府主要负责人、相关部门负责人、驻当地中国人民解放军和中国人民武装警察部队有关负责人组成的突发事件应急指挥机构，统一领导、协调本级人民政府各有关部门和下级人民政府开展突发事件应对工作；根据实际需要，设立相关类别突发事件应急指挥机构，组织、协调、指挥突发事件应对工作。上级人民政府主管部门应当在各自职责范围内，指导、协助下级人民政府及其相应部门做好有关突发事件的应对工作。第九条规定，国务院和县级以上地方各级人民政府是突发事件应对工作的行政领导机关，其办事机构及具体职责由国务院规定。

1. 预防和应急准备

《突发事件应对法》第十七条规定，国务院制定国家突发事件总体应急预案，组织制定国家突发事件专项应急预案；国务院有关部门根据各自的职责和国务院相关应急预案，制定国家突发事件部门应急预案。地方各级人民政府和县级以上地方各级人民政府有关部门根据有关法律、法规、规章、上级人民政府及其有关部门的应急预案以及本地区的实际情况，制定相应的突发事件应急预案。

2. 监测与预警

《突发事件应对法》第三十七条指出，国务院建立全国统一的突发事件信息系统。县级以上地方各级人民政府应当建立或者确定本地区统一的突发事件信息系统，汇集、储存、分析、传输有关突发事件的信息，并与上级人民政府及其有关部门、下级人民政府及其有关部门、专业机构和监测网点的突发事件信息系统实现互联互通，加强跨部门、跨地区的信息交流与情报合作。

3. 应急处置和救援

《突发事件应对法》第四十八条指出，突发事件发生后，履行统一领导职责或者组织处置突发事件的人民政府应当针对其性质、特点和危害程度，立即组织有关部门，调动应急救援队伍和社会力量，依照本章的规定和有关法律、法规、规章的规定采取应急处置措施。紧接着第四十九条和第五十条进行了详细规定①。

4. 事后恢复

《突发事件应对法》第五十九条规定，突发事件应急处置工

---

① （一）组织营救和救治受害人员，疏散、撤离并妥善安置受到威胁的人员以及采取其他救助措施；（二）迅速控制危险源，标明危险区域，封锁危险场所，划定警戒区，实行交通管制以及其他控制措施；（三）立即抢修被损坏的交通、通信、供水、排水、供电、供气、供热等公共设施，向受到危害的人员提供避难场所和生活必需品，实施医疗救护和卫生防疫以及其他保障措施；（四）禁止或者限制使用有关设备、设施，关闭或者限制使用有关场所，中止人员密集的活动或者可能导致危害扩大的生产经营活动以及采取其他保护措施；（五）启用本级人民政府设置的财政预备费和储备的应急救援物资，必要时调用其他急需物资、设备、设施、工具；（六）组织公民参加应急救援和处置工作，要求具有特定专长的人员提供服务；（七）保障食品、饮用水、燃料等基本生活必需品的供应；（八）依法从严惩处囤积居奇、哄抬物价、制假售假等扰乱市场秩序的行为，稳定市场价格，维护市场秩序；（九）依法从严惩处哄抢财物、干扰破坏应急处置工作等扰乱社会秩序的行为，维护社会治安；（十）采取防止发生次生、衍生事件的必要措施；（十一）强制隔离使用器械相互对抗或者以暴力行为参与冲突的当事人，妥善解决现场纠纷和争端，控制事态发展；（十二）对特定区域内的建筑物、交通工具、设备、设施以及燃料、燃气、电力、水的供应进行控制；（十三）封锁有关场所、道路，查验现场人员的身份证件，限制有关公共场所内的活动；（十四）加强对易受冲击的核心机关和单位的警卫，在国家机关、军事机关、国家通讯社、广播电台、电视台、外国驻华使领馆等单位附近设置临时警戒线；（十五）法律、行政法规和国务院规定的其他必要措施。

作结束后，履行统一领导职责的人民政府应当立即组织对突发事件造成的损失进行评估，组织受影响地区尽快恢复生产、生活、工作和社会秩序，制订恢复重建计划，并向上一级人民政府报告。受突发事件影响地区的人民政府应当及时组织和协调公安、交通、铁路、民航、邮电、建设等有关部门恢复社会治安秩序，尽快修复被损坏的交通、通信、供水、排水、供电、供气、供热等公共设施。

5. 事后重建

《突发事件应对法》第六十一条规定，国务院根据受突发事件影响地区遭受损失的情况，制定扶持该地区有关行业发展的优惠政策。受突发事件影响地区的人民政府应当根据本地区遭受损失的情况，制订救助、补偿、抚慰、抚恤、安置等善后工作计划并组织实施，妥善解决因处置突发事件引发的矛盾和纠纷。

二 应急管理部及各级应急管理厅（局）

根据党的十九届三中全会审议通过的《中共中央关于深化党和国家机构改革的决定》《深化党和国家机构改革方案》和第十三届全国人民代表大会第一次会议批准的《国务院机构改革方案》，将国家安全生产监督管理总局的职责，国务院办公厅的应急管理职责，公安部的消防管理职责，民政部的救灾职责，国土资源部的地质灾害防治、水利部的水旱灾害防治、农业部的草原防火、国家林业局的森林防火相关职责，中国地震局的震灾应急救援职责以及国家防汛抗旱总指挥部、国家减灾委员会、国务院抗震救灾指挥部、国家森林防火指挥部的职责整合，组建应急管理部，作为国务院应急管理部门。

应急管理部负有组织编制国家应急总体预案和规划，指导各地区各部门应对突发事件工作，推动应急预案体系建设和预案演练。建立灾情报告系统并统一发布灾情，统筹应急力量建设和物资储备并在救灾时统一调度，组织灾害救助体系建设，指导安全生产类、自然灾害类应急救援，承担国家应对特别重大灾害指挥部工作。指导火灾、水旱灾害、地质灾害等防治。负责安全生产综合监督管理和工矿商贸行业安全生产监督管理等职责（表4-2）。根据上述文件，其在应对突发事件中主要起到以下两个作用。

表4-2　　　　　　　　应急管理部机构职能

内设机构	职能
办公厅（党委办公室）	负责机关日常运转，承担信息、安全、保密、信访、政务公开、重要文稿起草等工作
应急指挥中心	承担应急值守、政务值班等工作，拟订事故灾难和自然灾害分级应对制度，发布预警和灾情信息，解放军和武警部队参与应急救援工作
人事司（党委组织部）	负责机关和直属单位干部人事、机构编制、劳动工资等工作，指导应急管理系统思想政治建设和干部队伍建设工作
教育训练司（党委宣传部）	负责应急管理系统干部教育培训工作，指导应急救援队伍教育训练，负责所属院校、培训基地建设和管理工作，组织指导应急管理社会动员工作
风险监测和综合减灾司	建立重大安全生产风险监测预警和评估论证机制，承担自然灾害综合监测预警工作，组织开展自然灾害综合风险与减灾能力调查评估
救援协调和预案管理局	统筹应急预案体系建设组织编制国家总体应急预案和安全生产类、自然灾害类专项预案并负责各类应急预案衔接协调，承担预案演练的组织实施和指导监督工作，承担国家应对特别重大灾害指挥部的现场协调保障工作，指导地方及社会应急救援力量建设

续表

内设机构	职能
火灾防治管理司	组织拟订消防法规和技术标准并监督实施，指导城镇、农村、森林、草原消防工作规划编制并推进落实，指导消防监督、火灾预防、火灾扑救工作，拟订国家综合性应急救援队伍管理保障办法并组织实施
防汛抗旱司	组织协调水旱灾害应急救援工作，协调指导重要江河湖泊和重要水工程实施防御洪水抗御旱灾调度和应急水量调度工作，组织协调台风防御工作
地震和地质灾害救援司	组织协调地震应急救援工作，指导协调地质灾害防治相关工作，组织重大地质灾害应急救援
危险化学品安全监督管理一司	负责化工（含石油化工）、医药、危险化学品安全生产监督管理工作，依法监督检查相关行业生产经营单位贯彻落实安全生产法律法规和标准情况，指导非药品类易制毒化学品生产经营监督管理工作
危险化学品安全监督管理二司（海洋石油安全生产监督管理办公室）	承担化工（含石油化工）、医药、危险化学品经营安全监督管理工作，以及烟花爆竹生产经营、石油开采安全生产监督管理工作，依法监督检查相关行业生产经营单位贯彻落实安全生产法律法规和标准情况；承担危险化学品安全监督管理综合工作，组织指导危险化学品目录编制和国内危险化学品登记；承担海洋石油安全生产综合监督管理工作
安全生产执法和工贸安全监督管理局	承担冶金、有色、建材、机械、轻工、纺织、烟草、商贸等工贸行业安全生产基础和执法工作；拟订相关行业安全生产规程、标准，指导和监督相关行业生产经营单位安全生产标准化、安全预防控制体系建设等工作，依法监督检查其贯彻落实安全生产法律法规和标准情况；负责安全生产执法综合性工作，指导执法计划编制、执法队伍建设和执法规范化建设工作
安全生产综合协调司	依法依规指导协调和监督有专门安全生产主管部门的行业和领域安全生产监督管理工作，组织协调全国性安全生产检查以及专项督查、专项整治等工作，组织实施安全生产巡查、考核工作

第四章
中国应急预算管理现状

续表

内设机构	职能
救灾和物资保障司	承担灾情核查、损失评估、救灾捐赠等灾害救助工作，拟订应急物资储备规划和需求计划，组织建立应急物资共用共享和协调机制，组织协调重要应急物资的储备、调拨和紧急配送，承担中央救灾款物的管理、分配和监督使用工作，会同有关方面组织协调紧急转移安置受灾群众、因灾毁损房屋恢复重建补助和受灾群众生活救助
政策法规司	组织起草相关法律法规草案和规章，承担重大政策研究工作，承担规范性文件的合法性审查和行政复议、行政应诉等工作
国际合作和救援司	开展应急管理方面的国际合作与交流，履行相关国际条约和合作协议，组织参与国际应急救援
规划财务司	编制国家应急体系建设、安全生产和综合防灾减灾规划并组织实施，研究提出相关经济政策建议，推动应急重点工程和避难设施建设，负责部门预决算、财务、装备和资产管理、内部审计工作
调查评估和统计司	依法承担生产安全事故调查处理工作，监督事故查处和责任追究情况，组织开展自然灾害类突发事件的调查评估工作，负责应急管理统计分析工作
新闻宣传司	承担应急管理和安全生产新闻宣传、灾情应对、文化建设等工作，开展公众知识普及工作
科技和信息化司	承担应急管理、安全生产的科技和信息化建设工作，规划信息传输渠道，健全自然灾害信息资源获取和共享机制，拟订有关科技规划、计划并组织实施
机关党委	负责机关和在京直属单位的党群工作
离退休干部局	负责机关离退休干部工作，指导应急管理系统离退休干部工作

资料来源：中华人民共和国应急管理部组织机构，2021年7月14日，应急管理部官网（https://www.mem.gov.cn/jg/）。

（一）灾害信息传递

应急管理部要进行灾情上报工作，首先要搜集所需要的信息。在救灾款申领过程中，财政部门将以应急管理局提供的灾情信息为依据，进行资金调度。应急管理部将按照"逐级上报"的原则，进行信息传递。具体信息传递流程如图4-2所示。

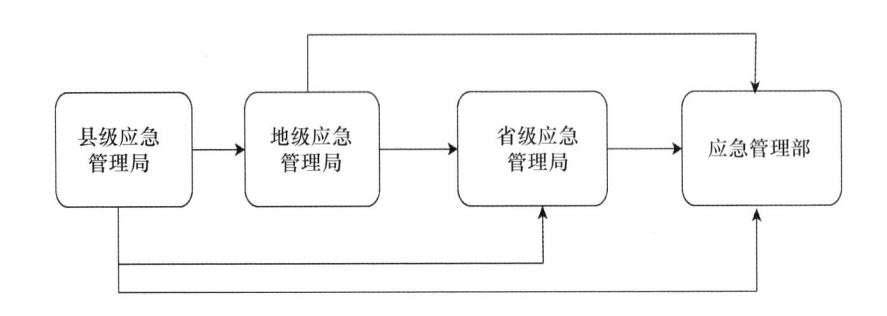

图4-2 突发事件信息传递

(二) 应急物资的申请和拨付

在突发事件发生后，各项应急物资的及时申请和下达是妥善应对事件的必然要求。而应急物资的妥善管理和高效拨付离不开应急管理部和国家粮食和物资储备局的支持和协作。简单来说，在应急物资申请时，应急管理部要与财政部进行会商，以确定救灾金额和物资数量，在应急物资拨付时，应急管理部根据受灾情况与国家粮食和物资储备局会商，从而下拨物资。在应急资金拨付时，则是由应急管理部根据申请情况与财政部会商，再逐级下拨。具体而言，以地震救灾资金的申请和下拨为例。在申请救灾资金时，由省、自治区、直辖市人民政府向国务院申请，根据应急管理部门的灾情统计信息，由应急管理部门与同级财政部门共同会商决定申请救灾款的数额（见图4-3）。

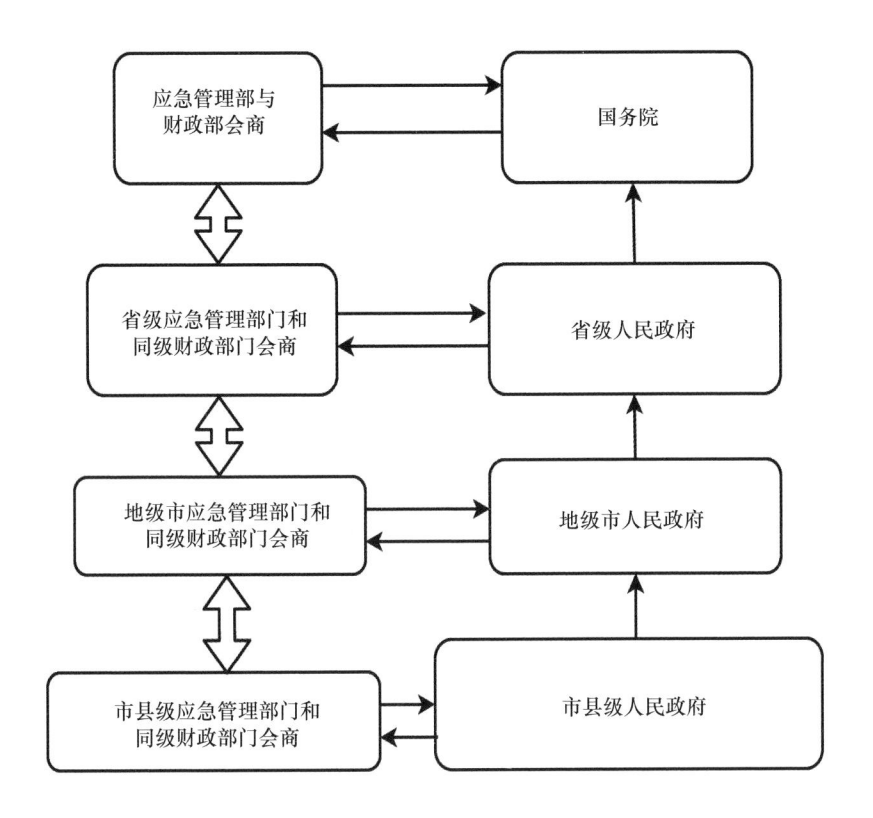

图 4-3　地震救灾财政资金申请流程

救灾资金下拨时，主要分为两个部分。一是发放方案的确定。首先是灾民个人申请，通过村民小组和村委会民主评议初步研究确定，将初步救济方案张榜公布，而后报乡镇级应急管理局审核，乡镇级应急管理局审核后，上报县级应急管理局，县级应急管理局审核后，确定救济名单。二是救灾资金的下拨，财政部门根据上级应急管理局和财政部门的拨款通知，将救灾资金划拨到应急管理局的账户，应急管理局根据确定的发放方案，将资金逐级下拨到村，由村里张榜公布，公开发放到户（见图4-4）。

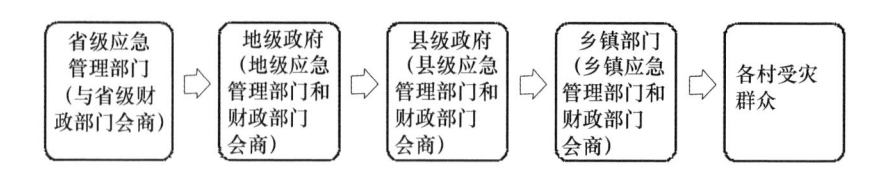

省级应急管理部门（与省级财政部门会商）→ 地级政府（地级应急管理部门和财政部门会商）→ 县级政府（县级应急管理部门和财政部门会商）→ 乡镇部门（乡镇应急管理部门和财政部门会商）→ 各村受灾群众

图4-4 地震救灾财政资金下拨流程

三 财政部及各级财政部门

财政部门作为政府资金的管理部门，是政府政策的具体执行者，其负有提出税收立法计划，与国家税务总局共同审议上报税法和税收条例草案，根据国家预算安排，确定财政税收收入计划，提出税种增减、科目税率调整、减免税和对中央财政影响较大的临时特案减免税的建议，管理中央公共财政支出；拟订和执行政府并购政策等职能。特别是在应对突发事件时，财政部门需要在各级人民政府的指导下，根据各级应急管理部门的需求，及时准确地下拨应急资金，来控制灾情、保护人民群众的生命安全。在突发事件发生时，财政部门除了以上职责外，在以"一案三制"为核心的应急管理体系下，常态运行时，还负有编制财政预案在突发事件发生时筹集应急财政资金的职责。根据国家财政部及各地财政厅官网，从2005年到2020年各级财政已公开预案34项（见表4-3），其涵盖了现有的各类突发事件，为我国应急管理提供了有力支持。

表4-3　　　　各级财政部门财政应急保障预案汇总

发布时间	发布级别	预案名称
2005.10.15	四川省	四川省财政应急保障预案
2005.8.27	福建省	福建省财政厅关于突发公共事件财政应急保障预案

续表

发布时间	发布级别	预案名称
2006.6.8	浙江省	浙江省公共突发事件财政应急保障专项预案
2007.5.4	云南省	云南省突发公共事件应急预案
2007.7.3	江苏连云港市	连云港市突发公共事件财政应急保障专项预案
2008.11.18	内蒙古自治区	内蒙古自治区财政应急保障预案
2008.7.23	浙江省杭州市	防汛防台财政保障应急预案
2008.8.9	湖南省	湖南省财政应急保障预案
2008.9.26	厦门市	厦门市突发公共事件财政应急保障预案
2009.12.11	陕西省安康市	安康市突发事件财政应急保障预案
2009.12.17	四川省绵阳市	绵阳市财政应急保障预案
2010.12.16	陕西省	陕西省财政应急保障预案
2011.5.17	云南省昆明市	昆明市突发地震灾害事件财政应急保障预案
2013	山西省	山西省财政应急保障预案
2013.1.21	福建省泉州市南安	南安市应对突发公共事件财政应急保障预案
2015.2.28	云南省西双版纳	西双版纳州突发公共事件财政应急保障预案
2016.10.27	国务院	地方政府性债务风险应急处置预案
2016.4.1	广东省	广东省政府性债务风险应急预案（试行）
2017.3.31	山东省	山东省政府性债务风险应急处置预案
2017.5.19	重庆市	重庆市政府性债务风险应急处置预案
2017.6.15	青海省	青海省地方政府性债务风险应急处置预案
2017.7.3	广西壮族自治区	广西壮族自治区政府性债务风险应急处置预案
2017.7.7	北京市	北京市财政局突发事件应急救助等专项责任清单
2018.1.2	山西省晋城市	关于印发晋城市政府性债务风险应急处置预案的通知
2019.12.26	安徽省淮南市	淮南市财政局突发公共事件应急预案

续表

发布时间	发布级别	预案名称
2019.7.4	贵州省贵阳市	贵阳市突发公共事件财政应急保障预案
2020.1.30	财政部	财政部 国家卫生健康委关于新型冠状病毒感染肺炎疫情防控有关经费保障政策的通知
2020.2.7	广东省	广东省新型冠状病毒感染的肺炎疫情防控财政应急预案（试行）
2020.2.17	广东省潮州市	潮州市新型冠状病毒感染的肺炎疫情防控财政应急预案（试行）
2020.9.2	广东省江门市	江门市财政库款运行应急预案（试行）

资料来源：财政部、各省财政厅及各地财政局。

四 其他应急管理职能部门

当前我国应对突发事件的职能部门主要是应急管理部门及各级应急管理厅（局），以及国家卫生健康委员会和财政部等部门。按照不同类型的突发事件，主要应对的部门也略有不同。当面对自然灾害、安全生产等突发事件时，主要是应急管理部及各级应急管理部门负责应对。当面对公共卫生事件时，在国务院的领导下，国家卫生健康委员会及各地卫计委制定并组织落实疾病预防控制规划、国家免疫规划以及严重危害人民健康公共卫生问题的干预措施，制定检疫传染病和监测传染病目录，负责卫生应急工作，组织指导突发公共卫生事件的预防控制和各类突发公共事件的医疗卫生救援（见表4-4）。当面对财政金融突发事件时，在国务院的领导下，财政部会同中央银行制定财政货币政策，建立健全重大问题研究和政策储备工作机制，规范举债融资机制，构建"闭环"管理体系，各地财政部门会同各地政府严控法定限额内债务风险，着力防控隐性债务风险，牢牢守住不发生系统性风险的底线。

表4-4　　　　　　　　国家卫生健康委员会机构职能

内设机构	职能
办公厅	负责机关日常运转,承担安全、保密、信访、政务公开等工作
人事司	拟订卫生健康人才发展政策,承担机关和直属单位的人事管理、机构编制和队伍建设等工作,负责卫生健康专业技术人员资格管理
规划发展与信息化司	承担健康中国战略协调推进工作,组织拟订卫生健康事业发展中长期规划,指导卫生健康服务体系及信息化建设,组织开展爱国卫生运动和卫生健康统计工作。承担《烟草控制框架公约》牵头履约工作
财务司	承担机关和预算管理单位预决算、财务、资产管理和内部审计工作
法规司	组织起草法律法规草案、规章和标准,承担规范性文件的合法性审查工作,承担行政复议、行政应诉等工作
体制改革司	承担深化医药卫生体制改革具体工作,研究提出深化医药卫生体制改革重大方针、政策、措施的建议,承担组织推进公立医院综合改革工作
疾病预防控制局	拟订重大疾病防治规划、国家免疫规划、严重危害人民健康公共卫生问题的干预措施并组织实施,完善疾病预防控制体系,承担传染病疫情信息发布工作
医政医管局	拟订医疗机构及医务人员、医疗技术应用、医疗质量和安全、医疗服务、采供血机构管理以及行风建设等行业管理政策规范、标准并监督实施,承担推进护理、康复事业发展工作。拟订公立医院运行监管、绩效评价和考核制度
基层卫生健康司	拟订基层卫生健康政策、标准和规范并组织实施,指导基层卫生健康服务体系建设和乡村医生相关管理工作
卫生应急办公室（突发卫生事件应急指挥中心）	承担卫生应急和紧急医学救援工作,组织编制专项预案,承担预案演练的组织实施和指导监督工作。指导卫生应急体系和能力建设。发布突发公共卫生事件应急处置信息
科技教育司	拟订卫生健康科技发展规划及相关政策并组织实施。承担实验室生物安全监督工作。组织开展住院医师、专科医师培训等毕业后医学教育和继续教育工作,协同指导医学院校教育
综合监督局	承担公共卫生、医疗卫生等监督工作,查处医疗服务市场违法行为。组织开展学校卫生、公共场所卫生、饮用水卫生、传染病防治监督检查。完善综合监督体系,指导规范执法行为

续表

内设机构	职能
药物政策与基本药物制度司	完善国家基本药物制度，组织拟订国家药物政策和基本药物目录。开展药品使用监测、临床综合评价和短缺药品预警。提出药品价格政策和国家基本药物目录内药品生产鼓励扶持政策的建议
食品安全标准与监测评估司	组织拟订食品安全国家标准，开展食品安全风险监测、评估和交流，承担新食品原料、食品添加剂新品种、食品相关产品新品种的安全性审查
老龄健康司	组织拟订并协调落实应对老龄化的政策措施。组织拟订医养结合的政策、标准和规范，建立和完善老年健康服务体系。承担全国老龄工作委员会的具体工作
妇幼健康司	拟订妇幼卫生健康政策、标准和规范，推进妇幼健康服务体系建设，指导妇幼卫生、出生缺陷防治、婴幼儿早期发展、人类辅助生殖技术管理和生育技术服务工作
职业健康司	拟订职业卫生、放射卫生相关政策、标准并组织实施。开展重点职业病监测、专项调查、职业健康风险评估和职业人群健康管理工作。协调开展职业病防治工作
人口检测与家庭发展司	承担人口监测预警工作并提出人口与家庭发展相关政策建议，完善生育政策并组织实施，建立和完善计划生育特殊家庭扶助制度
宣传司	组织开展卫生健康宣传、健康教育、健康促进活动，承担卫生健康科学普及、新闻和信息发布工作
国际合作司	组织指导卫生健康工作领域的国际交流与合作、对外宣传、援外工作，开展与港澳台地区的交流与合作，承担机关和直属单位外事管理工作
保健局	负责中央保健对象的医疗保健工作、中央部门有关干部医疗管理工作，以及党和国家重要会议与重大活动的医疗卫生保障工作
机关党委	负责机关和在京直属单位的党群工作
离退休干部局	负责机关离退休干部工作，指导直属单位离退休干部工作

资料来源：《国家卫生健康委员会职能配置、内设机构和人员编制规定》（2018 年），2021 年 4 月 16 日，国家卫生健康委员会官网（http://www.nhc.gov.cn/wjw/jgzn/201809/3f4e1cf5cd104ca8a8275730ab072be5.shtml）。

第二节　应急预算资金来源

应急预算资金作为应对突发事件的财力保障，我国一直以来都非常重视其建设。特别是1998年亚洲金融危机及特大洪水和2003年"非典"疫情之后，我国已经形成了较为完备的资金应对体系，拥有了常态储备，危机时应对的能力。具体而言，在常规状态中政府主要通过提取预备费和预算稳定调节基金来保障应急预算资金。而在突发事件发生时政府则是通过调整预算、发行特别债务、提供税收优惠和社会捐赠来应对。

一　常态化应急预算资金

（一）提取预备费

按《预算法》第四十条规定：各级一般公共预算应当按照本级一般公共预算支出额的1%—3%设置预备费，用于当年预算执行中的自然灾害等突发事件处理增加的支出及其他难以预见的开支。对财政预备费的分析可以从绝对规模和相对规模两个指标来看，绝对规模即我国财政预备费的绝对数值，反映财政预备费的整体运行情况。相对规模按照预算法规定选取了财政预备费占中央（或地方）本级财政支出的比重，用来反映政府对于预备费的重视程度。

1. 从预备费绝对规模分析

从表4-5中可以看出1992年至2015年，我国财政预备费绝对值在不断上升，从1992年的27亿元增长到2015年的1450亿元，增加了52倍，特别是1998年亚洲金融危机及特大洪水、2003年"非典"疫情和2008年汶川地震及南方冰雪巨灾后，预备费增长较为迅速，增长速度分别为31.6%、12.7%和25.3%。此外，从中央和地方层面来看，中央预备费在1998年亚洲金融危机及特大洪水和2008年汶川地震及南方冰雪巨灾后绝对值得到大幅增长，分别由1997年的30亿元涨到2000年的100亿元以及由2007年的150亿元涨到2009年的400亿元。地方预备费也呈现不断上升的态势，从1992年的15亿元增长到2015年的950亿元，增加了62倍。由此看来，国家对应急管理的重视程度不断提升，财政预备费规模也在不断提升。

2. 从预备费相对规模来看

第一，从国家整体层面来看，国家预备费占国家预算总支出的比重呈现先升后降的趋势，1993—2000年从0.5%上升到2%，2000—2006年保持在2%左右，2006—2015年从2%下降到0.8%。这表明自2006年后，我国对于应急资金储备的重视程度有所下降，这与当前我国各种突发事件风险日益加剧的现状并不相符。

第二，从预算法规定来看，中央预备费提取比例呈现先增加后下降的趋势，特别是在2011年之后，中央预备费已降低至1.41%，虽然仍在预算法规定的范围内，但处于下限值，这不利于我国中央政府应对日益复杂的国内国外形势。从地方预备费来看，预备费提取比例也呈现先增加后下降的趋势，但是其从2001年开始就呈现下降趋势，这也与我国当前财政分权体制相契合，但是考虑到地方是处理突发事件风险的主要执行者，切实提升地方预备费的提取比例迫在眉睫。

表4–5　　　　1992—2019年全国财政预备费汇总

年份	国家预备费（亿元）	国家总预算支出（亿元）	占比（%）	中央本级预备费（亿元）	中央本级预算支出（亿元）	占比（%）	地方本级预备费（亿元）	地方本级预算支出（亿元）	占比（%）
1992	27	2743.44	0.98%	12	1817.92	0.66%	15	2571.76	0.58%
1993	28	5287.42	0.53%	13	1957.18	0.66%	15	3330.24	0.45%
1994	35	6393.35	0.55%	15	1754.43	0.85%	20	4038.19	0.50%
1995	63	7791.96	0.81%	21	1995.39	1.05%	42	4828.33	0.87%
1996	107	9375.27	1.14%	22	2151.27	1.02%	85	5786.28	1.47%
1997	190	11127.96	1.71%	30	2532.5	1.18%	160	7280.89	2.20%
1998	190	13186.88	1.44%	30	3125.6	0.96%	160	7672.58	2.09%
1999	250	15159.11	1.65%	50	4152.33	1.20%	200	9035.34	2.21%
2000	380	17575.33	2.16%	100	5519.85	1.81%	280	10366.65	2.70%
2001	400	20990.04	1.91%	100	5768.02	1.73%	300	13134.56	2.28%
2002	500	24582.64	2.03%	100	6771.7	1.48%	400	15281.45	2.62%
2003	550	27868.78	1.97%	100	7420.1	1.35%	450	17229.85	2.61%
2004	620	33267.82	1.86%	100	7894.08	1.27%	520	20592.81	2.53%
2005	740	33930.28	2.18%	100	8775.97	1.14%	640	25154.31	2.54%
2006	790	40422.73	1.95%	150	9991.4	1.50%	640	30431.33	2.10%
2007	790	49781.35	1.59%	150	11442.06	1.31%	640	38339.29	1.67%
2008	990	62592.66	1.58%	350	13205	2.65%	640	49248.49	1.30%
2009	1040	76299.93	1.36%	400	14976	2.67%	640	61044.14	1.05%
2010	1040	89874.16	1.16%	400	16049	2.49%	640	73884.43	0.87%
2011	1140	109247.79	1.04%	500	17050	2.93%	640	92733.68	0.69%

续表

年份	国家预备费（亿元）	国家总预算支出（亿元）	占比（%）	中央本级预备费（亿元）	中央本级预算支出（亿元）	占比（%）	地方本级预备费（亿元）	地方本级预算支出（亿元）	占比（%）
2012	1450	125952.97	1.15%	500	18519	2.70%	950	107188.34	0.89%
2013	1450	140212.1	1.03%	500	20203	2.47%	950	119740.34	0.79%
2014	1450	151785.56	0.96%	500	22506	2.22%	950	129215.49	0.74%
2015	1450	175877.77	0.82%	500	25012	2.00%	950	150335.62	0.63%
2016	500	187755.21	0.27%	500	27355	1.83%	—	160351.36	—
2017	500	203085.49	0.25%	500	29595	1.69%	—	173228.34	—
2018	500	220904.13	0.23%	500	32466	1.54%	—	188196.32	—
2019	500	238858.37	0.21%	500	35395	1.41%	—	203743.22	—

注：2016—2019年由于统计口径问题以及地方预算编制问题，地方预备费只有有限地区编制，因此统计年鉴并未收录。

资料来源：2007年之前数据来自《中国财政统计年鉴》，2007年之后数据来自《中国财政统计年鉴》，以及财政部预算司官网（http://yss.mof.gov.cn），2021年4月16日。

（二）预算稳定调节基金

2006年开始设立的预算稳定调节基金，专门用于弥补短收年份预算执行收支缺口，也可作为应急财政资金的常规来源。预算稳定调节基金的实质是应对突发事件、自然灾害、贫困地区人口的财政保障资金。有了调节基金，国家在遇到突发公共事件时，就有了另一项稳定资金来源。同时，设立预算稳定调节基金，可将财政预算外收入部分纳入基金管理，并进入预算管理的框架内接受全国人民代表大会及常务委员会的监督，解决了长期以来财政超收部分游离于预算监督之外的问题。和预备费（见表 4-5）相比，中央预算稳定调节基金规模相对较大（见表 4-6），抗风险能力也较强。

表 4-6　　　　　　　预算稳定调节基金汇总

年份	中央预算稳定调节基金（亿元）	中央本级财政支出（亿元）	占比（%）	地方预算稳定调节基金（亿元）	地方财政支出（亿元）	占比（%）
2006	500	9991.40	5.00%	586.43	31218.6	1.88%
2007	1032	11442.06	9.02%	—	38339.29	—
2008	192	13205	1.45%	—	49248.49	—
2009	—	14976	—	2122.24	61044.14	3.48%
2010	2257.65	16049	14.07%	1069.7	73884.43	1.45%
2011	2892	17050	16.96%	1734.64	92733.68	1.87%
2012	248.92	18519	1.34%	—	107188.34	—
2013	1206.8	20203	5.97%	—	119740.34	—
2014	832.34	22506	3.70%	1259.13	129215.49	0.97%
2015	827.53	25012	3.31%	—	150335.62	—
2016	876.13	27355	3.20%	—	160351.36	—
2017	3347.8	29595	11.31%	—	173228.34	—
2018	1020.99	32466	3.14%	—	188196.32	—
2019	1328.46	35395	3.75%	—	203743.22	—

资料来源：2006—2018 年数据来自《中国财政统计年鉴》；2019 年数据来自财政部预算司（http://yss.mof.gov.cn），2021 年 4 月 16 日。

二　突发事件发生时的资金筹集

（一）调整预算

突发事件的发生，往往伴随着严重的自然灾害以及社会风险，其后果往往是巨大的经济损失和人员损失，因此用于灾后恢复与重建的费用往往是天文数字，常规的应急资金完全不能满足这一需求，然而突发事件的救援赈灾往往刻不容缓，这就要求调整预算。即通过对年初安排的支出项目进行重新规划，从而实现灾情应对的目标。这样做一方面可将治水、防灾、修建相关设施的经费优先下拨。另一方面也可移缓就急，将其他类似支出集中用于灾害发生地，优先办理灾区重建工程，支持灾后恢复与重建。根据表4-7，我们可以发现每当遇到重大突发事件时，政府通过调整预算筹集了大量应急资金来保护人民的生命和财产安全，其筹集的资金能够在当年地区财政支出中占到2%—6%。

表4-7　　1998—2020年全国重大突发事件预算调整一览

年份	事件	影响范围	预算调整额（亿元）	当年影响区域财政总支出（亿元）	占比（%）
1998	亚洲金融危机及特大洪水	全国	694.6	13186.88	5.27%
2003	SARS疫情	全国	1313.2	27868.78	4.71%
2005	吉林松花江水污染	吉林省	13.0259	744.0621	1.75%
2006	台风"桑美"	浙江省	113.8105	1991.8313	5.71%
		福建省	31.694	887.3479	3.57%
		上海市	214.3871	2023.0871	10.60%
		湖北省	101.4692	1268.4041	8.00%

续表

年份	事件	影响范围	预算调整额（亿元）	当年影响区域财政总支出（亿元）	占比（％）
2008	汶川地震	全国	1806.66	62592.66	2.89%
		四川省	18.2677	3253.8636	0.56%
	南方雪灾	全国	1806.66	62592.66	2.89%
	全球经济危机	全国	1806.66	62592.66	2.89%
2010	青海玉树地震	青海省	24.64	863.06	2.85%
2020	新冠肺炎疫情	全国	3614.37	238858.37	1.51%
		湖北省	776.1	5394.8	14.39%

资料来源：2019年湖北省决算并未公布，本部分是按照《关于2019年省级预算调整方案的报告——2019年9月24日在湖北省第十三届人民代表大会》整理的省级决算情况，http://czt.hubei.gov.cn/，2021年4月16日。

（二）提供税收优惠

突发公共事件的发生会对当地的社会经济发展造成巨大冲击，不仅表现在厂房、设备等硬件方面的毁坏，还有经营环境、资金周转等方面的损失，需要政府给予相关的财政税收优惠政策以及发行特别债券以引导扶持当地经济的恢复。

以2010年青海玉树地震和2020年新冠肺炎疫情为例。2010年青海玉树地震发生后，国务院对灾区的恢复重建工作给予了相应的政策支持，不仅对受灾地区损失严重的企业在灾后恢复重建期间免征企业所得税，还对受灾地区企业、单位或支援受灾地区重建的企业、单位，进口国内不能满足供应并直接用于灾后重建的大宗物资、设备等，在三年内给予进口税收优惠；在个人所得税方面，对受灾地区个人接受的捐赠款项及收到的各级政府救灾款项免征个人所得税，参与抗震救灾的一线人员，按照地方各级政府及其部门规定标准取得的与抗震救灾有关的补贴收入免征个人所得税。2020年新冠肺炎疫情发生后，从省级政府到国家层面，为了应对疫情的冲击纷纷出台多种财税优惠政策和发行特别债券。首先，从省级层面，湖北省政府对于增值税小规模纳税人适用3%征收率的应税销售收入免征增值税，适用3%预征率的，暂停预征。国家其他地区的增值税小规模纳税人适用3%征收率和预征率减按1%。之后，从国家层面，疫情防控重点物资生产企业可以按月申请全部退还2019年12月底相比新增的增值税期末留底税额以及疫情防控范围内纳税人提供公共交通运输服务、生活服务以及为居民提供生活必需品，快递收派服务，所取得收入免征增值税，此外，单位和个体工商户将自产、委托加工或购买的货物通过公益性社会组织和县级以上人民政府及其部门等国家机关，或者直接向承担疫情防治任务的医院无偿捐赠，用于应对本次疫情的免征增值税。2020年3月财政部社会保障司司长符金陵在国务院联防联控机制新闻发布会上表示仅应对疫情的社会保险费优惠资金就超过1万亿元。

（三）发行特别国债

2020年5月22日，国务院总理李克强代表国务院向十三届全国人大三次会议做2020年国务院政府工作报告时提出：中央财政发行抗疫特别国债1万亿元，来应对灾后重建、统筹推进疫情防控和经济社会发展。

（四）社会捐赠

捐赠资金主要指由民政部门接收的，国内外各界为突发公共事件无偿捐赠的资金，包括国内捐赠和国际捐赠。国内捐赠资金是国内社会各界人士自愿、无偿、义务为灾区捐赠的资金，是一项特殊的专项资金，具有特定的用途。国际捐赠主要是指突发公共事件发生期间其他国家（地区）及国际组织对我国捐赠的资金。以 2008 年汶川地震为例，2010 年审计署办公厅统计显示，截至 2009 年 9 月 30 日，对汶川地震的捐赠全国共筹集社会捐赠款物 797.03 亿元。其中大陆境内捐赠 723.05 亿元，港澳台地区捐赠 33.50 亿元，国际组织、海外华侨等国外捐赠 40.48 亿元。

表 4-8　1998—2020 年全国重大突发事件社会捐赠一览

年份	事件	社会捐赠（亿元）
1998	亚洲金融危机及特大洪水	50.19
2003	SARS 疫情	40.74
2005	吉林松花江水污染	—
2006	台风"桑美"	—
2008	汶川地震	797.03
2008	南方雪灾	22.75
2010	青海玉树地震	101.63
2020	新冠肺炎疫情	292.9

资料来源：1998 年数据来源于 1999 年《中国民政统计年鉴》。2003 年数据来源于孙玉琴《爱的奉献：全国抗击"非典"社会捐赠 40 亿元》，《中国民政》2003 年第 10 期。2005 年与 2006 年数据未知。2008 年数据来源于《审计署发 1 号公告：汶川地震社会捐赠款物审计结果》，中国新闻网（https：//www.chinanews.com/gn/news/2010/01-06/2056700.shtml），以及《今年南方雪灾期间社会各界累计捐赠 6.29 亿元》，2021 年 4 月 16 日，搜狐新闻网（http：//news.sohu.com/20080408/n256166903.shtml）。2010 年数据来源于《青海玉树地震 100 多亿社会捐赠善款得妥善监管》2021 年 4 月 16 日，腾讯新闻网（https：//news.qq.com/a/20110705/001294.htm），2020 年新冠肺炎疫情数据来源于《联防联控机制权威发布　慈善组织已接受捐赠资金 292.9 亿元》，2021 年 4 月 16 日，央视网（https：//finance.sina.cn/2020-03-09/detail-iimxxstf7674623.d.html?vt=4&pos=91）。

第三节 应急预算支出安排

应急预算支出安排是指列入当年财政支出预算，为预测和处理当年发生的或可能发生的突发公共事件的财政预算支出，具体包括财政支出分类科目中涉及应急的财政支出。根据突发事件的不同阶段具体可以分为预防阶段、应急救灾阶段和灾后重建阶段。

一 预防阶段

应急财政支出中涉及预防阶段的主要包括：为预防和预测突发公共事件发生的财政支出，如地震部门为监测预报地震灾害而发生的费用；或者为应对某种可预见的突发公共事件安排预算支出，如卫生部门疾病监控方面所做的财政预算支出；抑或为了应急物资储备与置换而安排预算支出。根据全国财政预决算收支表和2009—2019年《政府收支分类科目》，预防阶段的支出有：疾病预防控制支出、公共卫生支出、环境监测与监察支出、农业支出、林业草原支出、水利支出、国有资源气象事务支出、质量技术监督与检验检疫事务支出、食品与药品监督管理事务支出、抚恤和社会福利救济费等。据民政部统计资料可以看出，我国救灾储备的支出规模仍旧较小（见表4-9），从侧面反映出当前国家对于预防阶段建设的忽视。

二 应急救灾阶段

应急财政支出中涉及应急救灾阶段的主要包括：为应对某种可预见的突发公共事件安排预算支出，如农业部门在病虫害控制、灾害救助方面所做的财政预算支持。据全国财政预决算收支表和2009—2019年《政府收支分类科目》,应急救灾阶段的支出有:污染防治支出、风沙荒漠治理支出、灾害防治及应急管理支出等。根据民政部统计资料可以看出,我国应急救灾阶段的支出规模仍旧较小(见表4-9)。

表4-9　　　　　　　　财政救灾支出一览

年份	自然灾害生活救助社会服务经费(亿元)	生活救济费(亿元)	紧急抢救、安置、转移灾民支出(亿元)	救灾储备(亿元)	自然灾害灾后重建补助(亿元)	其他救助(亿元)
2009	199.2	0.00	0.00	0.00	0.00	0.00
2010	237.18	88.91	10.62	13.19	109.62	14.84
2011	128.7	68.72	5.75	7.24	38.98	8.01
2012	163.4	93.18	10.98	6.80	42.94	9.50
2013	178.7	100.94	11.01	10.47	43.62	12.66
2014	124.44	72.68	8.24	8.10	25.23	10.19
2015	148.6	92.10	8.50	6.70	30.40	10.90
2016	154.7	96.90	8.90	11.10	26.90	10.90
2017	126.1	78.20	6.50	11.40	18.50	11.50

资料来源:2010—2017年《中国民政统计年鉴》和民政部官网(http://www.mca.gov.cn/article/sj/),2021年4月16日。

三　灾后重建阶段

应急财政支出中涉及灾后重建阶段的主要包括:在突发公共事件发生后为受灾地区恢复重建安排的财政支出,如专为汶川地震灾后重建设置的"地震灾后恢复重建支出"支出项。据全国财政预决算收支表和2009—2019年《政府收支分类科目》,灾后重建阶段的支出有：自然灾害生活救济费、医疗保障支出、地震灾后恢复重建支出等。根据表4-9，我们可以看到我国灾后重建的支出并不高，且灾后重建支出大多数用于人民生活补助。

第四节 应急预算运行现状

党的十八届三中全会提出，财政是国家治理的基础和重要支柱，科学的财税体制是优化资源配置、维护市场统一、促进社会公平、实现国家长治久安的制度保障。在推进国家治理体系和治理能力现代化的进程中，财政需要发挥"国家长治久安"的职能，能够在风险前期预警、中期救灾和后期恢复的三个阶段起到支柱作用。2003年"非典"疫情之后，特别是2020新冠肺炎疫情暴发以来，我国应急预算管理制度建设一直在不断探索中，目前已初步形成应急预算管理运行机制框架。

一 中央—地方应急管理事权、财权划分

分税制改革以来，财力重心上移、事权重心下移是整个财政体制的大趋势，特别是一些随着市场经济体制改革和形势发展所出现的新增事权，如基础教育、公共卫生、社会保障等，往往被指定在地方的事权范围之内，类似突发公共事件处置这样的公共应急管理也不例外。依照"分类管理、分级负责、条块结合、属地为主"的体制，应急管理的事权实施属地化管理，事发地政府为主要责任人。鉴于各类突发事件的范围与影响程度不同，一般情况下上级政府均有不同程度的介入。此外，对于由地方为主处置的突发事件，中央部门有责任给予一定的指导协调和帮助。

以自然灾害救助为例,根据《自然灾害救助条例》[①],自然灾害救助工作实行各级人民政府行政领导负责制。国家减灾委员会负责组织、领导全国的自然灾害救助工作,协调开展重大自然灾害救助活动。国务院应急管理部门负责全国的自然灾害救助工作,承担国家减灾委员会的具体工作。国务院有关部门按照各自职责做好全国的自然灾害救助相关工作。

县级以上地方人民政府或者人民政府的自然灾害救助应急综合协调机构,组织、协调本行政区域的自然灾害救助工作。县级以上地方人民政府应急管理部门负责本行政区域的自然灾害救助工作。县级以上地方人民政府有关部门按照各自职责做好本行政区域的自然灾害救助相关工作。

县级以上人民政府应当将自然灾害救助工作纳入国民经济和社会发展规划,建立健全与自然灾害救助需求相适应的资金、物资保障机制,将人民政府安排的自然灾害救助资金和自然灾害救助工作经费纳入财政预算。

二 应急预算资金的统筹与安排

我国应急预算资金的统筹与安排主要包括以下种情况:一是动用预备费。二是采用关闭预算追加闸门和发出预算追减的指令指标和指导性要求等手段。在2003年"非典"疫情发生后,财政部首先就停止了一般预算追加,同时要求中央各部门对本部门的业务费和项目支出预算按5%调减支出指标,以保证非典防治工作的需要。2008年在抗击汶川地震中,国务院常务会议作出决

[①]《自然灾害救助条例》(2010年7月8日中华人民共和国国务院令第577号公布,根据2019年3月2日《国务院关于修改部分行政法规的决定》修订),2021年7月6日,中国政府网 http://www.gov.cn/gongbao/content/2019/content_ 5468899.htm。

定,中央国家机关2008年的公用经费支出一律比预算减少5%,用于抗震救灾①。三是调整预算支出结构,包括压缩一般性支出、调整专项、使用一般性结余等②。四是发行特别国债,2020年,为了缓解新冠肺炎疫情造成的财政收支压力,我国发行了特别国债。

三 应急预算资金的管理

（一）应急预算资金拨付

以市县为单位设立应急预算资金专户,应急预算资金由财政部拨付省级财政国库单一账户,由国库集中支付市县应急预算资金专户集中使用,减少划拨环节。

（二）预拨清算

为加强中央自然灾害救灾资金管理,提高救灾资金使用效益,财政部、应急管理部2020年6月印发《中央自然灾害救灾资金管理暂行办法》③ 提出,财政部会同应急管理部建立救灾资金快速核拨机制,可以根据灾情先行预拨部分救灾资金,后期清算。

1. 资金申请与下达资金

对于重大自然灾害救灾资金申请与下达,受灾地区省级财政部门、应急管理部门可以联合向财政部、应急管理部申请救灾资金。申请文件应当包括灾害规模范围、受灾人口、调动抢险救援

---

① 黄样兴:《加强应急资金管理的思考》,《江西政报》2008年第19期。
② 《财政部关于中央部门调整2003年预算支出确保"非典"防治经费的紧急通知》（财预〔2003〕71号）,2021年7月6日,http://www.law–lib.com/law/law_view.asp?id=96037。
③ 《财政部 应急部关于印发〈中央自然灾害救灾资金管理暂行办法〉的通知》（财建〔2020〕245号）,2021年7月6日,http://www.gov.cn/gongbao/content/2020/content_5551812.htm。

人员和装备物资情况、转移安置人口数量、遇难（失踪）人数、需应急救助和过渡期生活救助人数、倒塌损坏房屋数量、直接经济损失、地方救灾资金实际需求和已安排情况等内容。申请文件编财政部门文号，主送财政部和应急管理部。应急管理部对受灾地区报送的申请文件应当予以审查，核实受灾相关数据后，向财政部提出资金安排建议。

财政部根据应急管理部启动的应急响应级别、资金安排建议，结合地方财力等因素会同应急管理部核定补助额，并下达救灾资金预算。受灾群众生活救助补助资金主要根据自然灾害遇难（失踪）人员、需应急救助和过渡期生活救助、旱灾需救助人员数量，倒损住房数量及国务院批准的补助标准核定。抢险救援补助资金主要根据应急响应级别、直接经济损失、抢险救援难度、调动抢险救援人员规模等情况核定。

2. 分级清算

先预拨，后清算，应急预案一启动，便应启动资金预拨方案，通过国库集中支付体系即时预拨到市、县应急专户统一使用，待灾情过后按照分级负担原则再予以分级清算。

（三）应急转移支付

一旦发生灾害而地方无法自行承担时，迅速启动应急转移支付制度和政府间补偿机制，主要是上一级政府补偿下一级政府。2020年新冠肺炎疫情暴发以后，中央财政在特殊转移支付中安排了部分资金用于支持地方应急物资保障体系建设[①]。

（四）绩效评价

《预算法》第十二条、第三十二条、第四十九条、第五十七

---

① 《财政部关于下达支持应急物资保障体系建设补助资金预算的通知》（财建〔2020〕289号），2021年7月6日，http://www.gov.cn/zhengce/zhengceku/2020-07/30/content_5531261.htm。

条以及第七十九条等普遍蕴含着对预算实效性的考量。然而，相关"绩效考核""绩效目标"以及"绩效评价"等更多面向常态下的财政预算，未提及应急预算资金的绩效状况、评价标准等。

（五）预算监督

《预算法》第九章监督，对全国人民代表大会及其常务委员会和地方各级人民代表大会及其常务委员会、国务院和地方各级政府、各级政府财政部门、县级以上政府审计部门、政府各部门的预算监督职权及内容进行了系统规定，未对正常状态和应急状态下的预决算行为加以区分。

第五节　本章小结

自1998年以来，我国不断完善应急管理体系，形成了"一案三制"的架构，并不断根据现实情况完善政府职能机构。于2018年设立应急管理部，使得应急管理成为国家治理的重要一环。对于财政应急投入，政府在预备费的基础上不断拓宽资金池，做到了以预备费、预算调节稳定基金进行常态储备，在此基础上以调整预算、发行特别债券、提供税收优惠和社会捐赠来进行应急应对的资金能力。同时在应急支出方面不断完善支出科目，已基本覆盖了突发公共事件"事前、事中、事后"的各阶段，可以有效应对当年发生的较为常见的、危害级别较低的自然灾害、生产事故等突发公共事件，但是在执行规范、预算制度等方面仍旧存在许多问题，这些问题困扰着我国应急管理能力的提升。

第五章　中国应急预算管理存在的问题

第一节　缺乏细致的执行规范

应急财政支出依托于行政机关颁布的危机应急法规或者应急预案而非专门的财政预算安排。尽管近几年我国制定了不少应急管理、救助的法律、行政法规、行政规章，自上而下建立了各级突发公共事件应急预案体系，明确将财政作为应急机制的重要手段之一。例如，《突发事件应对法》规定，"国务院和县级以上人民政府应当采取财政措施，保障突发事件应对工作所需经费"，同时建立健全应急物资储备保障制度。但既有的立法侧重于构建应急管理运行机制，对于财政应急的程序、方式、标准等问题缺乏具体规定，容易造成财政应急程序设置与技术操作的漏洞。即使对此有所涉及甚至专门就某种应急性支出方式出台规定，也大都违背财政法定的基本原则。而应急预案本身不具有规范性文件的属性，其基本定位是各种应急法律规范在特定范围内的具体执行方案，只是在目前应急管理的法制资源仍显稀缺的情况下，在一定程度上充当了规范的角色，但是其无法成为财政支出的依据。

此外，当前的应急财政无论是资金来源还是支出安排都缺乏细致的执行规范。

一 资金来源层面

（一）应急预算编制缺乏完备的法律保障

如《预算法》在第七章只是对预算调整做出了一些规定，并没有对公共危机状态下的财政应急反应予以明确说明。

（二）预备费设置不科学

我国预备费实行的是与年度预算一同安排的流量式管理，而非可累积的基金式管理，这种管理模式造成了预备费不能在年度之间进行调度和平衡，预算支出随意变动性很大。

（三）地方政府缺乏足够的风险意识

《国家自然灾害救助应急预案》确定了按照救灾工作分级负责、救灾资金分级负担，以地方为主的原则，督促地方政府加大救灾资金投入力度，而事实上，大多数时候地方政府的预备费基本是按照《预算法》第三十二条规定的1%最低限额提取的，然而也存在部分时间段内地方政府未能按照最低限额提取的情况（见表4-5）。

二 支出安排层面

作为财政支出基本依据的国家预算并未设置财政应急支出的专门科目，更未独立编制应对各种突发紧急状况的应急预算。我国自2008年后因各种自然、社会、经济的公共危机事件接连发生，财政在安排应急性支出方面开始重视预算编制的重要性，并将财政超收收入追加用于上述事件的处理，在"医疗保障支出"等常规预算支出项目中也明确列支应急性支出。但这种缺乏细致执行规范的弊端也十分明显：在危机发生之后进行预算安排（包括下达多笔应急资金与设置"震后重建资金项目"）并非真正意义上的应急预算，应急预算的编制应建立在分析和评估未来一个时期可能的突发性支出基础上，而不是危机到来的时候才编制；将财政超收收入部分用于应急性支出，凸显行政性调度资源的自由性；将财政应急支出纳入常规民生支出项目，不便于对应急支出状况进行整体评估和监督。

第二节 临时性、分散性

应对公共危机的财政救济机制涉及的是一个庞大的体系，包括预防阶段、应急救灾阶段和灾后重建阶段三个部分。目前，在我国政府预算中，针对突发性公共事件的事前预防性财政支出以及事中、事后应对性财政支出主要分布在各部门预算支出的具体科目和各级地方政府预算中相应的部门预算支出中。但转轨以来，我国政府预算对突发性公共事件预防的轻视、预算执行中对预防性财政拨款的挤占及原有的社会保障系统的瓦解，使公共事件领域普遍存在对事前预防的忽视。其具体表现为预备费编制的临时性。同时，我国政府预算对突发性公共事件事中、事后的安排缺乏统一规划，使得政府在面对突发事件时很难实现"集中力量办大事"。其具体体现为财政应急支出分散在常规民生支出项目中。这种分散性、临时性的预算安排是困扰应急管理水平提升的重要因素。

一 预备费编制的临时性

预备费作为常态化的应急预算资金储备，其合理编制在应急财政管理中具有重要地位。具体地，无论是1994年颁布的《预算法》还是2014年修订的《预算法》中，对于预备费的编制都有明确规定：1994年《预算法》第三十二条规定，各级政府预算应当按照本级政府预算支出额的1%—3%设置预备费，用于当年预算执行中的自然灾害救灾开支及其他难以预见的特殊开支；2014年修订的《预算法》中第四十条规定，各级一般公共预算应当按照本级一般公共预算支出额的1%—3%设置预备费，用于当年预算执行中的自然灾害等突发事件处理增加的支出及其他难以预见的开支。这表明各级政府合理地编制预备费在当前财政应急应对体系中占有重要地位。

然而长期以来，我国地方政府（特别是中西部地区）对上级财政转移支付的依赖程度较高，在某些情况下未能依法足额提取预备费，甚至存在未提取或随意挪用预备费的现象。这造成了一旦发生突发性事件，当地政府往往陷入"无钱可用"的窘境，而中央政府出于社会影响的考虑，又不得不承担起主要责任，这又进一步诱发地方政府不足额计提预备费的道德风险。当前地方财政预备费的计提和使用情况，公开资料大多语焉不详。以2005年为例，政府预算报告的信息检索以及《中国财政年鉴》显示，2005年汇报预备费计提情况的省份，竟然接近空白（见表5-1）。即使考虑到有些省份可能提取了预备费但未公开等因素，其总体规模较之依法测算的应计提规模（640亿元）而言，也难免存在不少偏差。此外，从各地预备费提取情况也可以看出，1992—2015年地方预算表里不编制预备费的年度不在少数。即使这些编制预备费的年份中，每次编制的省份数也不超过8个。同时，从预备费编制的延续性上看，各省对于预备费编制的持续时间不超

第五章 中国应急预算管理存在的问题

表5-1　1992—2015年各省预备费汇总

项目	地区	1992	1993	1994	1995	1996	1997	1999	2000	2001	2002	2003	2004	2006	2007	2008	2009	2013	2014	2015
总预备费（万元）	北京	—	—	—	—	—	—	—	—	—	—	750	—	—	—	—	—	—	—	—
	天津	10081	20444	24886	—	—	—	—	—	—	—	—	—	—	—	—	—	—	—	—
	河北	804	—	—	—	—	—	—	—	—	—	19	—	—	—	—	—	—	—	—
	山西	—	—	—	—	—	—	—	—	—	—	55	—	—	—	—	—	—	—	—
	辽宁	—	—	—	—	—	—	—	—	—	—	341	—	—	—	—	—	—	—	—
	吉林	—	—	—	—	—	—	—	—	—	241616	—	—	—	—	—	—	—	—	—
	江苏	351	242	295	—	—	—	—	—	—	—	—	—	—	—	—	—	—	—	—
	安徽	5	69	263	—	—	—	—	—	107	200	—	—	—	—	—	—	—	—	—
	福建	—	—	—	—	—	—	—	—	—	—	—	—	139	—	—	—	—	—	—
	山东	—	—	—	—	—	6217	5000	8039	6205	9000	—	—	—	—	—	—	—	—	—
	湖南	—	—	—	—	—	—	—	—	—	—	—	174	—	—	—	—	—	—	—
	广东	1276	558	1111	—	4000	—	—	—	—	10	16	762	1000	—	—	—	—	—	—
	海南	—	—	—	—	—	—	—	—	—	—	—	2067	1281	—	—	—	—	—	—
	贵州	724	—	—	—	—	—	—	—	—	7045	—	—	—	—	—	—	—	—	—
	云南	373	—	—	—	—	—	—	—	—	—	—	—	—	—	—	—	—	—	—
	宁夏	20	73	406	51	—	—	—	—	—	—	—	—	4930	—	—	—	—	—	—
	新疆	—	—	—	—	—	—	—	—	—	—	—	—	—	—	—	—	—	—	—

续表

项目	地区	1992	1993	1994	1995	1996	1997	1999	2000	2001	2002	2003	2004	2006	2007	2008	2009	2013	2014	2015
预备费(万元)	河北	—	—	—	—	—	—	—	—	—	—	—	—	—	8817	—	64	—	—	—
	山西	—	—	—	—	—	—	—	—	—	—	—	—	—	—	—	—	21300	—	—
	黑龙江	—	—	—	—	—	—	—	—	—	—	—	—	—	—	1082	291	—	—	—
	浙江	—	—	—	—	—	—	—	—	—	—	—	—	—	7347	—	136	—	—	—
	福建	—	—	—	—	—	—	—	—	—	—	—	—	—	—	190	—	—	—	—
	江西	—	—	—	—	—	—	—	—	—	—	—	—	—	22	120	—	—	—	—
	河南	—	—	—	—	—	—	—	—	—	—	—	—	—	—	355	4144	—	113500	145700
	湖南	—	—	—	—	—	—	—	—	—	—	—	—	—	—	—	4254	—	—	—
	广东	—	—	—	—	—	—	—	—	—	—	—	—	—	3000	12380	21762	—	—	—
	广西	—	—	—	—	—	—	—	—	—	—	—	—	—	1765	—	188	—	—	—
	海南	—	—	—	—	—	—	—	—	—	—	—	—	—	5378	1776	157	—	—	—
	四川	—	—	—	—	—	—	—	—	—	—	—	—	—	—	101	—	—	—	—
	贵州	—	—	—	—	—	—	—	—	—	—	—	—	—	3100	3528	5100	—	—	—
	云南	—	—	—	—	—	—	—	—	—	—	—	—	—	—	64470	1589	—	—	—
	陕西	—	—	—	—	—	—	—	—	—	—	—	—	—	17103	28695	1421	—	—	—
	甘肃	—	—	—	—	—	—	—	—	—	—	—	—	—	3126	—	—	—	—	—
	新疆	—	—	—	—	—	—	—	—	—	—	—	—	—	20	—	12257	—	—	—

注：2007年《中国财政年鉴》统计口径发生变化，2007年之前预备费在预算表中表述为"总预备费"，2007年及之后预备费在预算表中表述为"预备费"，因此，本表分两部分统计，其中续表为2007—2015年的预备费统计情况。

资料来源：1993—2016年《中国财政年鉴》。本表中未显示省份的省份，已显示省份的某些年度无数据，均因在《中国财政年鉴》没有相应记录。

过7年，大多数省份对于预备费的编制多是应对突发事件临时编制。通过查阅2016—2020年的《中国财政年鉴》，我们发现2015年是中央、地方都明确列示本级预备费的最后一年，2016年以后，就只有中央政府每年提取预备费的记录，地方预算中连预备费这一科目都不见了。这种分散的、临时的预备费不利于地方政府妥善应对突发事件，体现出我国应急预算制度的不规范性。

二 应急预算支出的分散性

由于突发事件的多样性，我国是实行以应急管理部门为主，多种职能部门共同负责的机制。在中央层面，在应急管理部的协调下，有10多个职能部门负责各种灾害风险的应急管理；在地方层面，也有相对应的职能部门负责突发事件预警、监控和应对。突发事件发生后，各级政府提供人、物、财等服务，各职能部门和企事业单位等辅助部门承担包括交通恢复、搜索和救援、通信畅通、信息发布、医疗服务、商业保险、物质保障、审计监督等工作。与此相适应，应急管理财政支出资金（特别是各部门行政事业费）大多分散在各个职能部门，由各职能部门按照承担的职责分配使用资金，资金分配散乱。从政策执行的效果看，不同程度地出现了资金重复投入的问题，而且由于职能部门多，资金量比较分散，不能发挥"集中力量办大事"的政策效果。

具体而言，以全国财政预决算表支出科目为例（见表5-2），当前涉及农业突发事件的应急支出，除了农业部门农林水利支出中的农业、林业草原以及水利外，还涉及民政部的社会保障和就业支出以及应急管理部的灾害防治及应急管理支出；当前涉及卫生突发事件的应急支出，除了国家卫生健康委员会的医疗卫生与计划生育支出外，还涉及民政部的社会保障和就业支出以及应急管理部的灾害防治及应急管理支出；当前涉及自然突发事件的应急支出，除了应急管理部灾害防治及应急管理支出外，还涉及自然资源部的自然资源气象等支出。

总体而言，我国应急管理支出的分散性较为明显，这破坏了应急能力的发挥和提升。

表5-2　　　　　　　　　　应急管理支出类别

涉及领域	支出类	支出款	支出项
农业	农林水支出	农业	一般行政管理事务
			病虫害控制
			防灾救灾
		林业草原	一般行政管理事务
			动植物保护
			防灾救灾
		水利	一般行政管理事务
			水利工程建设
			防汛
			抗旱
	社会保障和就业支出	民政事务管理	其他民政事务支出
	灾害防治及应急管理支出	自然灾害救灾及恢复重建	中央自然灾害生活救助
			地方自然灾害生活救助
卫生	医疗卫生与计划生育支出	卫生健康管理事务	一般行政管理事务
		公共卫生	疾病预防控制机构
			重大公共卫生专项
			突发公共卫生事件应急处理
	社会保障和就业支出	民政事务管理	其他民政事务支出
	灾害防治及应急管理支出	自然灾害救灾及恢复重建	中央自然灾害生活救助
			地方自然灾害生活救助

续表

涉及领域	支出类	支出款	支出项
自然灾害	灾害防治及应急管理支出	应急管理事务	
		消防事务	
		森林消防事务	
		煤矿安全	
		地震事务	
		自然灾害防治	
		自然灾害救灾及恢复重建	
		其他灾害防治及应急管理	
	自然资源气象等支出	海洋管理事务	海洋防灾减灾
		测绘事务	
		气象事务	

资料来源：《2019年政府收支分类科目》。

第三节　中央—地方事权、财权不对称

自分税制改革以来，财力重心上移、事权重心下移是整个财政体制的大趋势，特别是一些随着市场经济体制改革和形势发展所出现的新增事权，如基础教育、公共卫生、社会保障等，往往被指定在地方的事权范围之内，类似突发公共事件处置这样的应急管理也不例外。按"分类管理、分级负责、条块结合、属地为主"的原则，应急管理的事权实施属地化管理，事发地政府为主要责任人。鉴于各类突发事件的范围与影响程度不同，一般情况下上级政府均有不同程度的介入。另外，对于以地方为主处置的突发事件，中央部门有责任给予指导协调和帮助。支出责任方面，制度性的规定是"地方自救为主，中央补助为辅"。只有在救灾所需要的支出超出地方政府的财政能力时，才可以向上级政

府申请补助。因此，从理论上讲，应急管理的事权与财权是统一的，即主要归属于地方政府。但是，在现行财政体制下，地方政府特别是中西部的地方政府对中央财政的依赖度很高，自身基本不提预备费，或尽量少提预备费，这使得在某种突发事件发生以后，地方政府急切中往往无钱可拿。在特殊情况下，甚至会出现地方政府即使有钱也还是等待中央政府出手的事例。而此时中央政府鉴于事态紧急，社会影响巨大，往往慨然赴难，一掷千金，从而形成支出责任事实上的"中央支出为主，地方支出为辅"。最终就形成了中央财政、地方财政、民政部门等救灾主体存在权责交叉，责任划分不清晰状况。这种情况具体反映在救灾支出、自然灾害生活救助费和重大突发事件应急资金划拨三个层面，主要包括了应急救灾的事前预防、事中应急救灾和事后灾后重建三大阶段和整体管理，覆盖了应急管理的全过程。

一 救灾支出

救灾支出作为政府应急救灾的财政支持。其支出多少能反映各级政府在救灾过程中的职责情况。2001—2006年6年间，经简单算术平均后，中央财政资金占全部救灾支出的比例为71.38%，2004年高达81.57%（见表5-3）。这反映了中央财政与地方财政常规应急资金的投入严重失衡，中央政府投入占到60%以上，而且中央财政每年对地方财政的转移支付应急支出也在逐年增加，地方财政对中央财政的依赖日益增强。这就形成了地方政府应急救灾高度依赖中央财政，自身财政主要用于发展本地经济建设和医疗教育、社保，应急预备费尽量少提甚至不提。这种博弈难以保证中央和地方间做到对财政资源的最佳配置，不利于我国应急管理事业的发展和社会稳定。

表 5-3　　　　　　　　　　　财政救灾支出

年份	当年救灾支出（亿元）	中央财政救灾支出		地方财政救灾支出	
		金额（亿元）	占比（%）	金额（亿元）	占比（%）
2001	35.86	25	69.72%	10.86	30.28%
2002	38.62	25	64.73%	13.62	35.27%
2003	56.95	41.5	72.87%	15.45	27.13%
2004	49.04	40	81.57%	9.04	18.43%
2005	62.97	42.48	67.46%	20.49	32.54%
2006	70.99	51.02	71.87%	19.97	28.13%

资料来源：冯俏彬：《我国应急财政资金管理的现状与改进对策》，《财政研究》2009年第6期。

二　自然灾害生活救助费

自然灾害生活救助费作为灾后重建阶段的重要支出，其反映了各级政府在灾后恢复阶段的职责负担。其具体包含生活救济费、救灾物资储备支出、紧急抢救、安置和转移灾民支出以及灾后重建补助。2006—2016年这11年来，中央政府自然灾害生活补助资金占全部自然灾害生活救助的68.50%。这表明在灾后重建阶段中央与地方财权与事权也是极度不对称的。此外，从省级层面来看，省级政府自然灾害生活补助资金占地方自然灾害生活救助的65.18%。这表明在地方政府中，上级政府承担过多的支出责任，实际上也形成了财权与事权的不对称。特别是，我们可以从表5-4中很明显看到市级政府和县级政府在灾后重建的职能受到限制，这不利于充分发挥基层政府的主观能动性。

表 5-4 自然灾害生活救助费

年份	自然生活救助费(万元)	中央 金额	中央 占比	地方 金额	地方 占比	省级 金额	省级 占比	市级 金额	市级 占比	县级 金额	县级 占比	镇级 金额	镇级 占比
2005	633742.3	443883.5	70.04%	189858.8	29.96%	97009.3	51.10%	25957.2	13.67%	63058.9	33.21%	3833.4	2.02%
2006	692116.3	502958.7	72.67%	189157.6	27.33%	79549.4	42.05%	26567.6	14.05%	79706.4	42.14%	3334.2	1.76%
2007	810447.8	503940.7	62.18%	306507.1	37.82%	190572.9	62.18%	42849.8	13.98%	67009.1	21.86%	6075.3	1.98%
2008	6258714.9	4997075.9	79.84%	1261639	20.16%	1028745.8	81.54%	80559.3	6.39%	147815.6	11.72%	4518.3	0.36%
2009	2101347.8	1761669.3	83.84%	339678.5	16.16%	175984.5	51.81%	31740.4	9.34%	129463.8	38.11%	2489.8	0.73%

年份	自然生活救助费(万元)	中央 金额	中央 占比	地方 金额	地方 占比	省级 金额	省级 占比	市级 金额	市级 占比	县级及以下 金额	县级及以下 占比
2010	1819989.3	1134458	62.33%	685531.3	37.67%	393492.2	57.40%	58964.3	8.60%	233074.8	34.00%
2011	1268662.2	854775	67.38%	413887.2	32.62%	245642.4	59.35%	55855.9	13.50%	112388.9	27.15%
2012	1618268.1	1143549	70.66%	474719.1	29.34%	274231.2	57.77%	80631	16.98%	119856.9	25.25%
2013	1894574.7	1062754	56.09%	831820.7	43.91%	361216.3	43.42%	116887.9	14.05%	353716.5	42.52%
2014	1503497.5	980865	65.24%	522632.5	34.76%	279929.4	53.56%	50022.7	9.57%	192680.4	36.87%
2015	1423766.4	922232	64.77%	501534.4	35.23%	300862.8	59.99%	64846.9	12.93%	135824.7	27.08%
2016	1399007.8	791301	56.56%	607706.8	43.44%	309209	50.88%	71463.3	11.76%	227034.5	37.36%

资料来源:2006—2017年《中国民政统计年鉴》。

三 重大突发事件应急资金划拨

重大突发事件是指突然发生，造成或者可能造成严重社会危害，需要采取应急处置措施予以应对的自然灾害、事故灾难、公共卫生事件和社会安全事件。其往往会带来较为严重的经济和人员损失。因此为了保证救灾效果，上级政府通常是将应急资金专项下达，而不是对地方进行综合财力补助，但由于中央政府与灾情地域相距遥远、信息不对称，难免下达的专项资金在方向和数量上都不很精确，地方政府主动或被动挪用、滞留上级财政资金也就比较常见。如汶川地震中，地方政府在应急抢险阶段急需支付援助人员的部分食宿费用、灾区卫生防疫临聘人员的劳务费、捐赠物资仓储和运输费、政府及工作部门搭建临时办公用房的费用等，但同期下达的中央财政资金往往带有"自然灾害生活补助""公路、桥涵抢险"等帽子，并不能准确地对应应急抢险的进展。由于地方政府能在一定程度上预知中央政府不可能对影响如此巨大的突发事件置之不理，地方政府于是捂紧了自己的钱包，尽量不在救灾上有实质性的投入，且行动较为缓慢。

综合多种媒体信息，本部分选择以汶川地震的应急资金划拨展开分析。根据表5-5，我们可以看出，当突发事件发生时，中央政府第一时间下拨财政资金7亿元进行紧急救灾，之后陆续在5个工作日内划拨57.82亿元资金进行应对，与此同时，地方政府于第6个工作日才开始调拨资金救灾，且调拨资金数额仅为19.84亿元，仅为中央调拨资金的1/3。截至地震发生半个多月后，中央累计调拨资金181.4亿元，占资金总额的80.92%，地方政府调拨资金累计42.77亿元，占资金总额的19.08%。此外，根据审计署2008年7月18日公告，中央共拨付资金550.64亿元，占资金总额的 86.43%；地方共拨付 86.44 亿元，占资金总额的 13.57%。中央拨付资金是地方拨付资金的 6 倍，这明显反映出当前我国政府在面对突发事件时，中央和地方之间应急管理事权和财权不对称，政府的财政风险分担机制缺乏，应急管理财政支持机制不完备的问题。

表 5-5　2008 年汶川特大地震中央与地方财政资金的拨付情况

时间	财政抗震救灾财政资金累计总额（亿元）	中央财政资金拨付累计（亿元）	地方财政资金拨付累计（亿元）
2008 年 5 月 12 日	7	7	—
2008 年 5 月 13 日	8.6	8.6	—
2008 年 5 月 14 日	11.1	11.1	—
2008 年 5 月 15 日	22.4	22.4	—
2008 年 5 月 16 日	34.1	34.1	—
2008 年 5 月 17 日	39.82	39.82	—
2008 年 5 月 18 日	57.82	57.82	—
2008 年 5 月 19 日	77.94	58.1	19.84
2008 年 5 月 20 日	117.27	86.79	30.48
2008 年 5 月 21 日	128.67	93.39	35.28
2008 年 5 月 23 日	146.29	108.26	38.03
2008 年 5 月 24 日	151.11	110.95	40.16
2008 年 5 月 25 日	151.4	110.95	40.45
2008 年 5 月 26 日	166.26	125.62	40.64
2008 年 5 月 27 日	192.16	151.26	40.9
2008 年 5 月 28 日	195.57	153.85	41.72
2008 年 5 月 29 日	209.38	166.86	42.52

续表

时间	财政抗震救灾财政资金累计总额（亿元）	中央财政资金拨付累计（亿元）	地方财政资金拨付累计（亿元）
2008年5月30日	224.17	181.4	42.77
截至2008年12月25日	570.87	382.42	188.45

资料来源：冯俏彬：《我国应急财政资金管理的现状与改革对策》，《财政研究》2009年第6期以及《2008年各级财政拨付抗震救灾资金超过570亿元》，2021年4月16日，中华人民共和国中央政府网（http：//www.gov.cn/govweb/jrzg/2009 – 01/07/content_1198864.htm）。

第四节 资金筹集来源尚需拓宽

一 财政应急资金筹集方式的局限性

为了在巨灾之后筹集资金，地方和中央政府常需要采取调整预算、发行政府特别债券、募集捐助以及实行税收优惠减免等措施。然而，这些措施都有其局限性。具体而言，如果选择调整预算，其难以提供足够的资金，而且还会从其他重要的公共支出需求中抽走资金，这样势必会破坏预算的约束性以及阻碍了国家目标的实现。如果选择发行政府特别债券，首先，巨灾之后的政府借款成本可能比较高。其次，政府债务的进一步增加会加剧宏观经济指标以及金融体系的负担和隐患，这样会造成政府财政金融风险加剧，容易引发财政金融类突发事件。如果选择社会募集捐助。这相当于财政救灾资金一部分会以物资和服务的形式提供，其到达的时间不能保证且数额无法预估。

二 社会募集捐助的不确定性

从社会募集捐助来看，由于其本身的不确定性，本质上并不适用于应急救灾。在上述的这些措施中，还有一个很重要的问题就是时间上的滞后，即财政救灾资金难以在灾害刚刚发生最需要的时刻到账。比如社会捐款一定是从灾难发生后开始运行，发债券则通常是灾难结束后一段时间内才启动。那么最紧急的救灾应急资金需求压力便主要落在政府身上。政府在预防阶段、应急救灾阶段和灾后重建阶段的财政支出中承担巨大的职责。

三 全社会风险分散机制缺乏

目前我国全社会风险分散机制比较缺乏，社会保险资金、社会捐赠资金占比偏小，财政资金独自苦撑大局，没能很好地发挥社会和市场的作用。以1998年长江特大洪水为例，1998年洪水灾害造成的财产损失高达2484亿元，直接经济损失为300亿元，而其中仅3.27亿元的财产得到了社会保险赔款，占比仅为1%。而在欧洲，这一比例为20%，在美国则为50%。此外，根据表5-6，我们可以看到1998年全年社会救灾扶贫捐赠也才50.2亿元，这与所需的灾后重建资金相比杯水车薪。

因此，这种财政资金筹集来源单一化将会造成以下不良后果：一是财政年度预算的平衡性与灾害时空分布的不平衡性冲突并将日益不可调和；二是政府有限的财力在受到越来越严格预算监督与约束的情况下，将越来越难以满足救灾与重建的资金需要，重大灾害必将对财政收支的平衡与正常运转造成严重冲击，进而损害经济社会的正常发展；三是对公众风险意识与风险管理行为带来负面效应，即政府在救灾及灾后重建中投入越多，公众的风险意识和依靠市场与社会机制的意识越淡薄。

表 5-6　　　　　　1998 年全国救灾扶贫捐赠情况

地区	接收捐赠现金合计（万元）	国外捐赠	港澳台捐赠	捐赠物衣被折合金额（万元）	接收捐赠的衣被件数（件）
全国合计	501921.3	3373.8	16713.8	630161.1	290000000
北京市	24488.8	4	—	33221.1	17050000
天津市	8481.8	—	—	35521.5	14184000
河北省	22684.5	345.9	9135.1	23489.1	11086251
山西省	7962.6	—	—	4277.6	2080635
内蒙古自治区	12095.4	2.3	39.3	18598.5	14870697
辽宁省	14454.9	—	—	23430.8	11186151
其中：大连市	4513.4			5686	4968201
吉林省	15871			18542.2	11951911
黑龙江省	34039.2	233.8	1100.6	29643.5	22528104
上海市	17025	—	8	14953	22652143
江苏省	22757.3	8	8.1	15407.7	12823909
浙江省	22449.2	543.1	45	24760.1	17020136
其中：宁波市	4188.4	1	17	4304.3	4839680
安徽省	16653.4	33.1	70	47676.6	23026580
福建省	23933.4	623	31.6	15287	10791596
其中：厦门市	2553	—		1764	1781400
江西省	21532	122.3	1292.8	45569.6	17538923
山东省	20463.3	6.8	4.4	45238.2	16323000
其中：青岛市	3725.3	6.8		9838	4556000
河南省	14591.8	—	6.8	15256.8	6126255
湖北省	44107.9	424.5	1614.6	76389.7	34418754
湖南省	41221.7	276.3	775.3	43547.3	22132665

续表

地区	接收捐赠现金合计（万元）	国外捐赠	港澳台捐赠	捐赠物衣被折合金额（万元）	接收捐赠的衣被件数（件）
广东省	53822.5	227	1248.3	51366.9	30005469
其中：深圳市	10890	—	—	7122	3955000
广西壮族自治区	7301.2	1.5	45.4	9006.5	14161353
海南省	883.2	0.8	—	2316.5	472414
重庆市	6655.8	25	1	3915.9	3994862
四川省	12024.2	—	49.8	8237.6	6479173
贵州省	5804.8	—	0.1	4299.1	1379777
云南省	5877.1	25.2	1	2515.5	11517720
西藏自治区	690.2	—	89.3	31	591376
陕西省	8224.4	68	2.3	12860.2	7284740
甘肃省	2301.8	—	—	1286.6	1969048
青海省	2897.3	382.2	1045	1064	252123
宁夏回族自治区	1464	4	100	570	375816
新疆维吾尔自治区	9161.6	17	—	1881	1588766
其中：新疆生产建设兵团	1049.1	—	—	352.8	237862

资料来源：1999年《中国民政统计年鉴》。

第五节　风险预警机制不完善

随着我国与国际经济社会的紧密融合，我国已经进入了突发事件的"高发期"。同时，由于当前所处的社会经济发展阶段，决定了能够促成突发事件的诱导因素有很多，如自然灾害、公共卫生、财政金融风险以及环境污染等。所以，建立财政应急风险预警机制是提升财政应急管理能力的重要举措。然而,无论是从目前的财政支出的方向来看还是从财政实际运行来看,我国的财政应急风险预警机制都处于缺失状态。

一 现行财政重事后、轻预防

我国财政应急管理中,事前的预防性支出、事中的应急响应支出和事后的灾后恢复与重建支出三部分的财政投入并不均衡。财政将较多的资金投入到第二部分(事中的应急响应支出),事前预防性支出的投入比例较少,不能发挥其应有的效能,不仅受灾民众遭受巨大损失,而且也影响了财政的稳定运行。以事前预防性支出的预备费和救灾储备支出为例,预备费是财政预算中用于不可预测的突发事件的重大支出,是财政应急的基本财力,也是应对突发事件最常用的手段。虽然国家预算法给出了预备费的法定提取比例(本级政府预算支出额的1%—3%),但在实践中由于种种原因,各级政府预备费的提取比例都较低(见表4-5)。而且,目前我国预备费在政府的年度预算中列示,实行流量式管理模式,这种管理模式使每年的预备费规模十分有限。所以在重大突发事件面前,应急财政储备金捉襟见肘,仅凭当年预留的预备费根本无法满足突发事件应对所产生的财政资金需求。救灾储备支出是财政预算中用于应急救灾的重大支出,其关系着灾区人员的生命健康。然而,当前我国各级财政用于救灾物资储备的资金极少,占当年财政支出的比重低,平均仅为0.0095%,即使是比重最高的2008年,也仅有0.04%;就民政事业费而言,其中用于救灾物资储备的支出平均仅占0.3534%,即使是比重最高的2008年,也仅有1.1668%。特别是,从图5-1我们可以看出,自2008年后,我国救灾物资储备的财政投入比重呈下降趋势。这反映了我国目前财政投入重事后、轻预防的现状。

表5-7　2002—2017年我国救灾物资储备的财政投入情况

年份	救灾储备（万元）	国家财政支出（亿元）	民政事业费支出（亿元）	救灾储备支出占一般预算支出比重（%）	救灾储备支出占民政事业费的比重（%）
2002	13965	22053.15	392.27	0.0063%	0.3560%
2003	20891	24649.95	498.92	0.0085%	0.4187%
2004	38594	28486.89	577.39	0.0135%	0.6684%
2005	41057	33708.12	718.41	0.0122%	0.5715%
2006	27185	40213.16	915.35	0.0068%	0.2970%
2007	17140.9	49565.4	1215.49	0.0035%	0.1410%
2008	250448.4	62427.03	2146.45	0.0401%	1.1668%
2009	38456.6	75874	2181.9	0.0051%	0.1763%
2010	131863.5	89575.4	2697.51	0.0147%	0.4888%
2011	72410.2	108930	3229.1	0.0066%	0.2242%
2012	67970.3	125712	3683.7	0.0054%	0.1845%
2013	104682	139744	4276.5	0.0075%	0.2448%
2014	80978.4	151662	4414.1	0.0053%	0.1835%
2015	67000	150336	4926.4	0.0045%	0.1360%
2016	111000	160351.3	5440.15	0.0069%	0.2040%
2017	114000	203330	5932.68	0.0056%	0.1922%

资料来源：2003—2018年《中国民政统计年鉴》和民政部官网（http://www.mca.gov.cn/article/sj/），2021年4月16日。

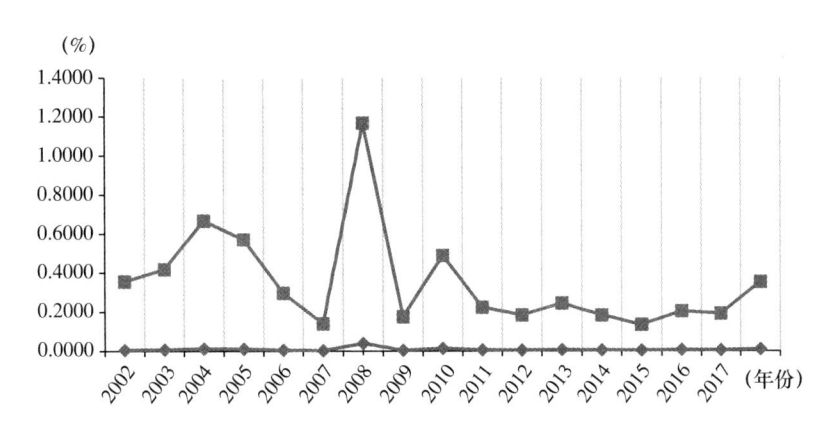

图 5-1 近年来我国救灾物资储备的财政投入占比

二 政府财政应急风险预警体系不完备

政府财政应急风险预警机制有助于应对公共风险,可以将或有风险直接化、隐性风险显性化,可以有效进行应对和监管,防止公共风险向财政风险转化。但是我国目前并未建立妥善的财政应急风险预警体系。无论是从监测网络,还是预警指标体系或预警模型来看,我国目前仍旧处于缺失阶段。首先,政府未能建立基础信息库,比如将按照政府财政的隐性和显性、内生性和外生性等不同类型,分别对其收入、支出、公共投资、预算赤字和债务等几大方面的安全问题进行近期、中期和远期的评估。据此建立相应的基础数据库,并对各类数据的采集标准和时间的间隔做出明确的规定,从而实现对大量的监测信息进行整理、分类、存贮、传输。其次,政府亦未能建立规范的预警指标,比如将收入、支出、公共投资、预算赤字、债务管理以及系统安全等问题纳入检测,从而利用指数合成法、矩阵分析法、风险价值评估模型法、AHP 法、BP 神经网络法等,对政府财政应急风险进行准确的监测，力求将或有风险直接化、隐性风险显性化。然后，政府也未能设计合理的预警模型，将事前、事中和事后各个环节的大数据与 AI 结合，归纳出一套合理贴切的运行模型。最后，政府更未能实施预警管理。包括对可能发生的各种政府财政应急风险的特性进行系统归类和全面分析，对已识别的问题进行成因、过程的分析和发展趋势的预测，并对其主要政府财政应急风险的成因背景、发展过程及可能的发展趋势进行定量描述，以确定哪些风险最有可能发生以及引发这些风险的主要因素和概率，从而预测提供超前的政府财政运行趋势，判断政府财政运行总体和部分关键指标是处于什么状态，向有关部门发布相关警报，实现防患于未然。

三 财政金融性突发事件尚未纳入应急预算管理范围

随着中国经济的不断发展，中国经济与世界经济不断融入，政府要面对的财政金融突发事件日益增多。从现有数据来看，财政金融性突发事件对于国民经济的影响程度与公共卫生、自然灾害等突发事件相比是不相上下的。以 2008 年国际金融危机和 2003 年非典疫情为例，2008 年国际金融危机发生之后，2009 年我国的一般贸易出口额与 2008 年同期相比跌幅达 20%，加工贸易的出口额跌幅达 13.1%[①]。相较之下，2003 年非典疫情之后，工业生产受影响较小，投资、进出口增速波动不明显，2003 年 4 月和 5 月工业增加值同比增长 14.9% 和 13.7%，低于 3 月和 6 月 16.9% 的增速，进出口和固定资产投资增速本身波动较大，2003 年 5 月前后并没有出现明显下滑[②]。因此，财政金融性突发事件

[①] 钟锡钦：《金融危机后中国出口贸易变化及分析》，《改革与开放》2012 年第 13 期。
[②] 刘鎏、梁红：《回顾 2003 年"非典"对经济的影响》，2020 年 1 月 22 日，新浪网（http://finance.sina.com.cn/review/jcgc/2020-01-22/doc-iihnzhha4057738.shtml）。

对国民经济的影响是不容忽视的。此外,财政金融性突发事件还具有深远的后续影响。面对这种突发性的财政金融性事件,政府往往采用大规模的补贴、投资等财政资金支持。这些临时性政策如果没有事前合理的规划,无论是其资金来源还是资金最终流向,都会对国民经济带来巨大影响。

然而,从我国目前的应急预算支出方向和预警体系建设来看,当前的预防阶段、应急救灾阶段和灾后重建阶段的各项财政支出(表5-2)均未将财政金融性问题考虑在内。因此,我国很有必要将财政金融性突发事件纳入应急预算管理范围。

第六节 应急防控资金的预算约束缺位

预算最核心的能力体现就是其约束性,利用预算的客观机制来实现资源的合理分配。然而,当前的应急防控资金由于缺乏有效的财政监管、合理的拨付机制和完善的绩效评价,严重破坏了预算的约束性,造成资金利用率低下、资金挪用等问题。

一 资金管理流程不完善

(一)资金拨付方式受限

应急资金的拨付是指将预算安排的应急支出资金向具体使用单位进行支付。在应急资金的拨付过程中,首先,需要关注的是财政应急资金与其他来源的应急资金之间的拨付关系问题,比如受危机影响的个人或企业是否已经通过财政之外的其他社会救助计划、商业保险等方式获得了救助。对此,《美国联邦灾难救济和突发事件救助法》中专门规定了"禁止多重受益"原则,即已经从其他渠道获得救助的个人或企业不得再获得财政救助,除非

"其有权利通过其他途径获取福利但还未获得",或者"同意将所有多重救助归还给提供联邦救助的机构",或者就局部受益之外未受弥补的部分"取得附加的联邦救助"。以上规定实际上确立了危机应急救助的穷尽原则以及财政应急救助的补充地位,即当其他救济渠道未提供充分救助才动用财政资金予以弥补,体现了财政作为危机应急机制"最后一道屏障"的特点。而与此相反的是,我国应急资金的拨付过度依赖财政资金,而对商业保险、社会捐赠应急体系明显重视不足,使后者在历次公共危机应急处置中难以发挥应有作用。其次,在应急资金的拨付程序上,《预算法》《财政预算资金拨付管理暂行办法》等规范性文件针对财政一般资金的拨付程序规定尚显笼统,对于突发性支出的应急资金更缺少专门的程序安排,其中有关"人民代表大会批准预算前,可以先安排支出与资金拨付"的弹性规定几乎成为实践操作的最主要依据,各地再经由财政应急保障预案的细化与赋权,使得如"急事急办""资金拨付绿色通道""临时下达应急资金预算"等行政变通方式获得合法地位,最终导致应急资金拨付的程序理念受到破坏,资金使用的安全性、有效性和约束性受到严峻挑战。

(二) 资金支出缺乏必要的财务核算机制

目前,我国应急管理资金中,有很大一部分是救灾物资储备和灾后生活补助等。然而救灾物资的调拨使用中缺乏必要的成本补偿机制。地方政府在向中央政府申请调用救灾物资以后,只需付出少量运费,并不需要与中央另行结算调拨成本。这就导致地方政府少储备甚至不储备,一旦出事就全靠中央的"逆向行为",加大了应急资金管理的软约束性。那么,是什么导致这一问题呢?简单来看,主要是制度设计有缺陷,激励与约束同时不足。

当前我国政府并未对财政应急资金建立标准的财务审核机制。由于财政应急资金的临时性和紧迫性，政府下达后，并未形成严格的核算机制，这使得预算的约束性受到破坏。

二 财政应急资金的监督机制不完备

财政应急支出的监督机制是指对财政应急性支出的合规性进行监督，即支出是否合乎预算安排以及依照法定的各种程序进行。从立法来看，目前涉及应急性支出合规性监督的规定主要是《自然灾害救助条例》，其中"救助款物管理"一章分别对救助款物管理的主体、紧急采购、救护款物使用原则、救助款物使用方向、救助款物使用信息公示、监察审计、监督检查做出了规定。但因内容过于笼统，缺乏可操作性，直接影响对应急资金合规性监督的效果。从实践层面来看，目前由审计署针对"重大自然灾害救助资金物资及灾后重建"进行的跟踪审计是公开披露的应急性支出专项审计项目，其出具的审计报告显示，灾后重建资金的审计相对于事中救助资金的审计更为精细、全面，发现问题更多，但这并不意味着事中救助资金的拨付、使用都合乎相关规定或者问题较少，事实上，应急救助资金往往既无事前预算亦无具体支取程序可循，换言之，它本身就是无法可依的状态，对其进行合规性审计监督也就无从谈起。至于其他的监督机制，如人大监督、财政内部监督、社会监督等受制于监督机制自身的局限，应付常规性支出项目尚有不足，对于需要适时跟踪、全程监督的应急资金监督而言，更难发挥实质作用。

三 资金绩效评估机制缺乏

财政应急支出的绩效评估机制是指按照经济性、效率性、效果性、公平性的"4E"标准评估应急支出的绩效水平。无论是官方公开披露的各种应急性支出信息，还是各种财政应急机制的规范性文件，对财政应急性支出的绩效状况、评价标准等甚少触及，更多是对支出金额、支出方向、预决算对比、占全部财政支出的比例等数据的简单罗列，这反映了我国当前财政管理重投入轻产出、重过程轻结果的弊端，同时由于绩效评价指标体系的缺乏，也导致支出效果无法与下一年度预算资金安排、官员行政管理相联系，这不利于政府资金的有效利用和财政应急资金绩效水平的提升。

四 预算法律体系不完善

全国人民代表大会及其常委会等国家权威机构在各自的职权范围内享有对突发事件决定权和涉及财政的重大事项的审查权、批准权，其中《立法法》第八条也规定了全国人民代表大会对涉及金融、财政、税收、外贸和海关等基本制度问题享有专门立法权，但是宪法等法律却很少提及公共财政应急立法，关于中央与地方的财政权划分以及公民应享有的财税监督权更缺乏明确的宪法原则指引。2007年出台的《突发事件应对法》第四十九条规定："自然灾害、事故灾难或者公共卫生事件发生后，要启动本级人民政府设置的财政预备费和储备的应急救援物资，必要时调用其他急需物资、设备、设施、工具。"但整个法规并未对财政应急预警管理的相关内容做出说明，更没有对财政应急预算的编制、申报、执行等权限进行明确规定。该法规定"国务院和县级以上人民政府应当采取财政措施，保障突发事件应对工作所需经费"的概念显得笼统，使我国在建立健全应急物资储备保障制度的时候，容易造成地方各级财政应急程序设置与技术操作的漏洞。此外，对于具体应急财政预算执行中，也缺乏较为明细的法律支持。例如，对于预备费，我国《预算法》第四十条只是简单规定：各级一般公共预算应当按照本级一般公共预算支出额的1%—3%设置预备费，用于当年预算执行中的自然灾害等突发事件处理增加的支出及其他难以预见的开支。但是对于预备费详细使用及不提取的后果等层面并未有明确规定。对于预算调整，法律无准确规定，只是作为应急资金来源，这很容易造成预算约束的破坏。对于财政监督和审计监督，当前并未有明确文件来细致规定财政应急资金该如何接受监督管理，这不利于我国财政应急资金的高效使用，阻碍了我国财政应急能力的提升。

第七节　本章小结

应急管理建设20多年来，初步形成了"一案三制"的体系和财政应急应对体系，有力地支持了我国过去的应急救灾管理。然而，随着经济和社会的不断发展、全球经济一体化的不断加深，我国未来要面对的突发事件越发的复杂和艰难。当前的财政应急体系却显得越发的不足，其主要体现在如下方面：预算执行细则不足；预算制度临时性和分散性明显；中央和地方财权与事权不对应；财政应急项目和管理不规范；财政应急预算约束性不足等。这些不足严重制约着我国当前财政应急能力的提升，亟须进行管理和应对，从而实现以确定性应对不确定性，实现国家的长治久安和人民生活的幸福稳定。

第六章　建立中国应急预算制度的国际借鉴

第一节　美国的应急预算管理

美国受自然环境和社会因素等方面的影响，经常遭受各种形式的灾害，主要有地震、火山爆发、洪水、龙卷风、台风、森林大火等，也会遭受技术灾害和人为灾害，如恶性传染病、爆炸、空难、建筑事故、化学毒物泄漏、核事故、恐怖活动等，造成的生命和财产损失巨大。鉴于多种灾害频发的状况，美国十分重视灾害管理工作，并建立和完善相关防灾救灾应急管理体制。

美国是一个联邦制国家，对于突发公共事件管理实行属地管理，联邦政府、州政府和地方政府具有明确的责任分担机制。一般来说，联邦政府承担主要的财政责任，当灾难发生时，首先由州和地方政府进行救助，在灾难非常严重的情况下，以至于超过受灾州和地方政府承受能力时，由州政府向联邦政府申请援助，联邦政府依据相关法定程序介入。

一　法律保障

美国应急资金支出方面的法律依据主要是1974年生效的

《斯坦福法案》（Robert T. Stafford Disaster Relief and Emergency Assistance Act），又称为《美国联邦灾难救济和突发事件救助法》，根据该法案，美国设立赈灾基金（The Disaster Relief Fund，DRF），DRF 赈灾基金是联邦政府进行赈灾及灾后恢复工作的主要资金来源，该基金采取单一账户模式，由联邦应急事务管理署（Federal Emergency Management Agency，FEMA）进行管理。当发生特大灾害时，极端情况下，72 小时以内符合规定的救灾费用完全由联邦政府承担，72 小时以外的救灾费用分摊根据《斯坦福法案》的规定执行。在此之前，美国的赈灾以及灾后恢复工作属于非政府组织及州和地方政府的事务。与联邦政府相似，美国各州政府也设立本级的灾难救济法，并设有相应的应急救灾基金，以应对公共突发事件的发生。例如，加利福尼亚州在《加利福尼亚州自然灾害救助法》中规定每个财年年度初始，在灾害应对行动账目中必须设有 100 万美元作为不受妨碍的收支平衡款额。

（一）非政府主导型救助

美国在 1789—1947 年，赈灾工作主要是非政府性质的，1881 年 Clara Barton 成立美国国家红十字会（American National Red Cross，ANRC），该组织主要从私人渠道筹集资金，提供灾难救助，以缓解瘟疫、饥荒、火灾、洪水以及其他重大灾难给人民造成的痛苦。ANRC 作为美国主要的救灾机构，与州和地方政府合作，为社区及个人提供服务，而联邦政府在此过程中几乎没有提供直接捐款。从 20 世纪到 21 世纪，联邦政府在赈灾中的作用不断演变和扩大，但 ANRC 仍然发挥着主导作用。1947—1950 年，联邦政府开始提供一般赈灾资金。

(二) 政府参与型救助

第二次世界大战后，美国联邦政府开始更多地参与赈灾工作，而不仅仅局限于针对具体事件的赈灾工作。1948年颁布《第二次赤字拨款法》(The Second Deficiency Appropriation Act)直接规定在自然灾害发生时，总统可依据其严重程度提供最高50万美元的联邦紧急援助，以减轻灾害造成的损失。1950—1966年，《灾难救济法》(The Disaster Relief Act)正式确立由联邦政府向各州和地方政府提供有序且持续的援助，减轻重大灾难造成的痛苦和损失，修复必需的公共设施，必要时与地方组织共同制订应对灾难的计划。该法案将救灾资金总额限定为500万美元，然而这一规定并没有对资金形成有效的限制。

例如，1950年根据《灾难救济法》批准的第一笔救济追加拨款2500万美元。1966—1974年《灾难救济法》扩大了一般救济的范围。修订后的《灾难救济法》救济范围包括更广泛的公共和个人救助，从临时住房、粮食救助、失业救助以及联邦政府为公共设施维修和恢复提供资金，同时帮助各州制订防御计划，这也代表着联邦政府参与灾难救济的范围进一步扩大。自1974年至今，是联邦协调应急管理时代。1974年《灾难救济法》引入"紧急"的概念，以便在事故未达到"重大灾难"的情况下获得援助。1988年《灾难救济和紧急援助修正法案》将1974年的《灾难救济法》更名为《斯坦福法案》。由美国联邦政府国土安全部主导制订的《国家应急反应计划》(National Response Plan, NRP)于2004年开始实施，该计划进一步完善了美国的应急管理法律体系。

二 机构设置及职责

美国总统是政府首脑,也是应急管理的最高行政首长,负责对国家防灾救灾工作进行统一领导,在发生重大灾害时对应急处置做出统一指挥和协调。美国联邦政府各部门负责各自职责范围内的防灾救灾工作,对主管领域内发生的灾害事件进行应急处置。各州政府依照宪法规定独立行使职权,在防灾救灾方面,当地方政府遇到无法应对的重大灾难时,州政府有责任和义务给予帮助。州政府各职能部门,如医疗卫生、消防、警察等部门,负责各自职责范围内的防灾救灾工作,在发生灾情时进行应急处置和救援。为了加强对防灾救灾的综合管理和统一指挥,州政府又设有应急管理办公室作为常设机构,协调州政府各部门、公立机构和私立机构的关系,指导地方政府应急管理工作,协调联邦与地方政府之间的关系。各地方政府又设有市、县、乡镇、行政区等,实行地方自治。在灾害发生时,一般性灾情由地方政府自行处置和应对,当发生重大灾害以致地方政府无力应对时,可以请求联邦政府提供援助。地方行政首长,如市长、县长、区长等负责管理本区域内的应急事务,领导和协调本区域内的防灾救灾工作。具体划分见表6-1。

表6-1　　美国应急管理部门机构设置及其职责范围

部　门		职　责
国家应急决策机构	总统	对国家防灾救灾工作进行统一领导,在发生重大灾害时对应急处置做出统一指挥和协调
	国家安全委员会	就国家安全和重大危机处置,为总统决策提供咨询建议和意见

续表

部　门		职　责
国家应急综合协调机构	联邦应急事务管理署	协调联邦部门灾害管理的预防、规划、应急救援和恢复重建工作
	国土安全部	负责紧急事务的处理和迅速反应，最大限度减少自然灾害带来的损失
国家应急管理工作机构	中央各部门	负责职责范围内的防灾救灾工作，对主管领域发生的自然灾害进行应急处置
州政府的应急管理机构	应急管理办公室	负责州的防灾救灾工作的日常管理和综合协调，协助州长处理州应急管理事务，协调州各部门，公立机构与私立机构的关系，指导地方政府应急管理工作
地方政府应急管理机构	地方应急管理办公室	负责地方应急事务的日常管理和组织协调
	地方工作部门	各职能部门对各自主管业务范围内的防灾减灾工作负责
	地方应急管理中心	作为直接受理和处置各种突发事件的实战机构，直接处理突发事件
社会防灾救灾组织	志愿者组织、新闻媒体、工商企业和社区等社会组织	通过各种形式参与防灾救灾工作，是政府开展减灾工作的依靠力量

资料来源：根据沈荣华《国外防灾救灾应急管理体制》，中国社会出版社2008年版，第23—43页整理。

(一) 机构沿革

赈灾资金的预算管理最早开始于1951年3月杜鲁门总统最初将灾难指挥联邦机构的权力下放给住房与城市发展部（Housing and Urban Development，HUD）的住房与住房金融管理署（Housing and Home Finance Administrator）；1953年1月又将相关职责转移给国防部（Department of Defense，DOD）的联邦民防管理署（Federal Civil Defense Administration），1961年又更名为民防动员办公室（the office of Civil Defense Mobilization），后又更名为应急计划办公室（the office of Emergency Planning），1968年又更名为应急准备办公室（the office of Emergency Preparedness），一直保留到1973年才废除。1978年，为了在联邦一级建立更具凝聚力的应急管理机构，卡特总统发布重组计划，创建联邦应急事务管理署（Federal Emergency Management Agency，FEMA）。

(二) FEMA职能

FEMA有三个主要职能：调动联邦资源；协调联邦与州和地方的工作；管理赈灾中的公共和私人机构。2006年，为了使受灾者更易了解和申请灾难援助，布什总统发布第13411号命令，制订灾难援助计划（Disaster Assistance Improvement Program，DAIP），包括生物威胁、化学威胁、飓风及地震等在内的15种灾害，整合包括美国商务部、财政部和社会保障局在内的17个联邦机构的70余种灾难援助计划。虽然生物威胁（包括流行病）的灾难援助属于FEMA管理，但是其主导的援助到目前为止仅有纽约病毒威胁（EM－3155）和新泽西病毒威胁（EM－3156）两起。

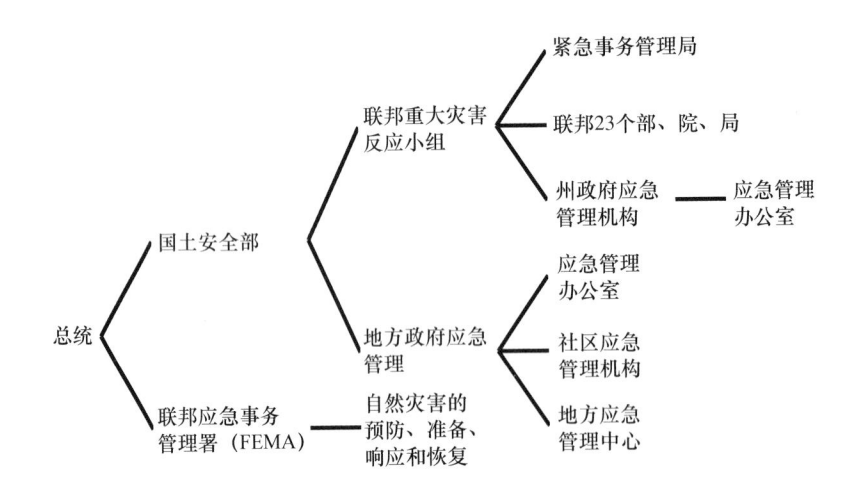

图 6-1 美国应急管理组织机构

资料来源：根据 FEMA 国家备灾资料库整理，https://www.fema.gov/emergency-managers/national-preparedness/resource-library。

三 资金管理

20 世纪 80—90 年代对赤字支出的担忧引发对预算控制的讨论。1995 财年，FEMA 根据《斯坦福法案》的前五年活动以及发生的一系列重大灾害证明了预算控制的合理性。五年平均数（Five-Year Average）的使用一直持续到 2000 年年初。灾难援助费用包括不能归于具体灾害的救灾费用，但某些大的灾难不包括在内。例如，1999 财年 FEMA 明确排除了北岭地震的支出及灾害援助支出。另外，2003 财年发生的"9·11"恐怖袭击事件的支出也被排除在外。到 2009 财年，预算又进行调整，按照从上年债务的收回和结转的未使用资金的五年平均债务水平提供资金。2011 财年政府简化了相关描述，将成本低于 5 亿美元的灾害称为"非灾难性灾害"，除了根据"非灾难性"赈灾五年平均数的要求增加赈灾资金，还要求为先前发生的灾难性风暴和火灾提供 36 亿美元的费用。国会通过 2011

年的预算控制法案《The Budget Control Act of 2011》，规定了法定开支的上限，并设立一个特殊机制免除一些重大灾害的成本。2012财年预算申请中包含5亿美元的储备基金，是为了确保飓风季节可以在短时间内获得资源。2015财年，这一数字增加到10亿美元，到2019财年增加至20亿美元。

（一）联邦赈灾拨款种类

联邦赈灾拨款种类分为紧急援助（Emergency Assistance）、联邦赠款援助（Federal Grant Assistance）和减灾补助计划（Hazard Mitigation Grant Program）。紧急援助是指灾难发生后应急响应最快的短期援助，在总统宣布灾害发生后立即执行。一般来说，联邦援助份额不少于合格项目的75%，单次灾难紧急声明中提供的援助总额不得超过500万美元。美国境内发生灾难后，总统所宣布的灾区的国家机构、地方政府、私人非营利组织可以向州申请联邦赠款援助与减灾补助计划，然后由州汇总申请项目后再向联邦政府申请。联邦援助赠款项目FEMA承担75%，剩余部分由发生灾难所在的州承担；减灾补助计划FEMA最多承担75%，剩余部分由非联邦机构承担。减灾补助计划（HMGP）援助总额根据联邦政府总援助金额估算，计算公式由最初的20亿美元的灾难援助金额的15%，调整为20亿—100亿美元的灾难援助金额的10%，100亿—353.33亿美元的灾难援助金额的7.5%。当州发生的灾难符合增强型州减灾计划（Enhanced State Mitigation Plan）时，最多可获得353.33亿美元以下拨款的20%。

（二）赈灾拨款形式

联邦政府根据《斯坦福法案》的拨款程序获得资金，主要包括以下三种形式：第一，补充拨款，为了解决年度拨款短缺的问题，一般时间很短，不需要经过委员会批准，超过82%的DRF

净拨款是通过补充拨款提供；第二，年度拨款，年度拨款作为年度预算的一部分，通过委员会程序制订具体方案，为政府活动提供资金；第三，持续拨款，如果年度拨款在新财政年度开始时仍未解决，则这些拨款由临时预算授权，按上一财政年度的比例提供，使政府活动可以持续运行。

  美国第一笔一般赈灾拨款在1948年的《年度拨款法》中规定并附有相关条件。一般赈灾的独立授权最早开始于1950年，随着救济计划的扩大，自1964财年以来，每年都为一般赈灾拨款。2019年DRF总拨款额为125.58亿美元，成为DRF有史以来最大额的年度拨款。在2020年特朗普政府要求2020财年为DRF提供145.5亿美元，这一纪录可能再次被打破。自2013财年预算申请以来，FEMA将年度预算拨款申请分为重大灾难援助和基础救助，基础救助包括应急专项资金、消防管理援助资金、灾前申报活动以及灾难防御救助计划。重大灾难援助计划又被指定为"赈灾"，而基础救助则视为可自由支配的支出。表6-2显示了1964—2019财年对DRF的名义赈灾拨款。

表6-2　　　　　　　　1964—2019财年名义赈灾拨款

财政年度	年度拨款（美元）	补充拨款（包括应急拨款）（美元）	财政年度总计（美元）	财政年度净总计（美元）
1964	20000	50000	70000	70000
1965	20000	35000	55000	55000
1966	55000	65000	120000	120000
1967	15000	9550	24550	24550
1968	20000	—	20000	20000
1969	10000	35000	45000	45000

续表

财政年度	年度拨款（美元）	补充拨款（包括应急拨款）（美元）	财政年度总计（美元）	财政年度净总计（美元）
1970	170000	75000	245000	245000
1971	65000	25000	90000	90000
1972	85000	—	85000	85000
1973	92500	500000	592500	592500
1974	400000	32600	432600	432600
1975	200000	—	200000	200000
1976	187500	—	187500	187500
1977	100000	200000	300000	300000
1978	150000	300000	450000	450000
1979	200000	194000	394000	394000
1980	193600	870000	1063600	1063600
1981	375570	—	375570	367570
1982	301694	—	301694	301694
1983	130000	—	130000	130000
1984	—	—	—	—
1985	100000	—	100000	100000
1986	120000	250000	370000	350000
1987	120000	57475	177475	170000
1988	120000	—	120000	115000
1989	100000	1108000	1208000	1208000
1990	98450	1150000	1248450	1248450
1991	—	—	—	—
1992	185000	4136000	4321000	4269209

续表

财政年度	年度拨款（美元）	补充拨款（包括应急拨款）（美元）	财政年度总计（美元）	财政年度净总计（美元）
1993	292095	2000000	2292095	2292000
1994	292000	4709000	5001000	5001000
1995	320000	6550000	6870000	6870000
1996	222000	—	222000	(882000)
1997	1320000	3300000	4620000	4600000
1998	320000	1600000	1920000	1920000
1999	307745	1806000	2113745	2113745
2000	300000	2840425	3140425	2777525
2001	300000	1300000	1600000	1547100
2002	664000	9537571	10201571	10127094
2003	800000	1425300	2225300	2200823
2004	1800000	2500000	4300000	4023000
2005	2042380	66500000	68542380	68427380
2006	1770000	6000000	7770000	(16390800)*
2007	1500000	4110000	5610000	5742500
2008	1400000	11757000	13157000	12934850
2009	1400000	—	1400000	1178400
2010	1600000	5100000	6700000	6573400
2011	2650000	—	2650000	2650000
2012	700000	6400000	7100000	7076000

续表

财政年度	年度拨款（美元）	补充拨款（包括应急拨款）（美元）	财政年度总计（美元）	财政年度净总计（美元）
2013	7007926	11487735	18495661	18468661
2014	6220908	—	6220908	5896386
2015	7033464	—	7033464	6729464
2016	7374693	—	7374693	6328814
2017	7328515	7400000	14728515	13996140
2018	7900720	42170000	50070720	45010710
2019	12558000	—	12558000	12005000
total	79058760	207225656	286284416	251851875

注：*这一总额是 DRF 撤销了 234 亿美元的结果，抵消了其他机构提供的其他灾难援助和损害修复费用。

资料来源：Congressional Research Service, *The Disaster Relief Fund: Overview and Issues*, R45484, April 16, 2020.

（三）影响每年赈灾拨款的主要因素

影响每年赈灾拨款的两个主要因素是灾难发生的频率和严重程度以及过去的灾后恢复费用。当州和地方政府不堪重负时可以向联邦政府求助，联邦政府就会介入赈灾和恢复工作。导致 DRF 支出的事件在规模上各异，如同样的风暴对各地区造成的打击不尽相同；地震对农村地区和基础设施完备的城市的打击程度不一，那么受灾的州及地区对不同类型的灾难有不同程度的准备。帮助地区重建受灾设施和基础设施也是多年来 DRF 的一项重大开支。表 6-3 是 2004—2019 财年以来美国发生的灾难申报活动及灾难申报预计发生的成本。

表6-3　2004—2019财年灾难申报活动和灾难申报预计成本

财政年度	重大灾难申报数量	灾难申报数量	FEMA预计总成本（百万美元）	DRF拨款总额（百万美元）
2004	65	5	6906	4023
2005	45	5	47919	68427
2006	53	1	2606	-16391
2007	67	0	—	5743
2008	68	3	8048	12935
2009	63	0	—	1178
2010	79	1	573	6573
2011	98	2	1344	2650
2012	46	1	706	7076
2013	65	3	22767	18469
2014	48	0	—	5897
2015	44	0	—	6729
2016	41	2	3407	6329
2017	60	8	85991	13996
2018	54	2	2914	45011
2019	53	4	6628	12005
总计	949	37	189809	200650
年均值	59.3	2.3	11863	12541

资料来源：FEMA，"FEMA's Database of Disaster Declarations by Year"，November 12，2019，https://www.fema.gov/disasters/year.

四　应急财政管理过程

根据修订后的《斯坦福法案》主要内容，美国联邦政府灾难救济项目主要分为三大部分，分别为灾难防御救助计划、重大灾难救助计划和突发事件救助计划。这三大部分对联邦政府、州和地方政府的救助责任、资金提供比例、用途和标准等都做出详细说明，现实中易于操作。

（一）灾前预防准备阶段

预防准备阶段政府主要考虑采取什么样的措施去预防灾害的发生，面临灾害时如何尽可能减轻灾害的负面影响。主要措施是通过完善灾害管理的法律法规、体制机制，通过防灾救灾的教育、宣传、培训、演练等方法，提高各级政府、社会组织和社会公众应对灾害的意识和能力。准备阶段需要针对可能或即将发生的灾害，做好应对工作，以避免或减轻灾害的伤害。根据美国应急准备经验，应急准备不仅需要政府做好应急准备，还要帮助其他部门和社会公众做好充分的准备。具体包括，对灾害信息进行分析；进行细节性演练；根据实际情况修改应急计划；制订应急互助计划；准备和维持应急计划所需的人力、物力、财力；对公众进行应急教育；综合制订和协调各部门的应急计划。[①]

在应急财政方面，灾难援助计划就是针对灾难发生前的防御工作，联邦政府在各州及地方制订全面可行的灾难防御计划时向其提供援助，以避免、减缓灾难的发生。根据《斯坦福法案》，灾难发生后，州政府提出申请，总统在授权范围内可以向其灾难防御计划的实施提供不超过25万美元的拨款；如果州政府需要维护、改进和更新计划，总统有权向其提供不超过维护、改进和更新计划所需花费50%的拨款，同时该项拨款对每个州每年不超过5万美元。另外，为了保证该项目的资金供给，总统可以设立

---

① 沈荣华：《国外防灾救灾应急管理体制》，中国社会出版社2008年版，第23—43页。

"国家灾难风险防御基金"（National Predisaster Mitigation Fund）专门用于该项目的实施。经总统批准的灾难防御活动所需花费的75%由该基金提供，余下的25%由所在的州和地方政府承担。

（二）应急反应阶段

应急反应阶段主要是针对已经发生的灾害，立即执行应急管理计划，采取紧急处置和救援行动，如提供医疗救助，临时住房等措施，减少生命和财产的损失。根据美国的应急反应经验，按照即时反应原则，启动应急反应人员和物资供应系统，采取保护措施，协调各个组织在应急反应中的行动，对灾害造成的损失及时评估，恢复急需的公共设施和公共服务项目以及启动恢复计划等措施。

在应急财政方面，重大灾难援助计划则是主要针对灾难发生时的应急反应工作。根据美国法律界定，重大灾难是指在美国范围内发生的引起严重损害的自然灾难，如飓风、龙卷风、洪水、海啸、地震、泥石流等以及其他原因导致的水灾、火灾或爆炸等。在总统宣布发生重大灾难后，州、地方以及其他灾难救济组织首先进行灾难救助，提供各种可供利用的资源，以减轻灾难带来的破坏和损失。当灾难超过了受灾州和地方政府的应对能力时，州长可以向联邦政府申请救助，但前提是该州已经按照州的法律规定采取了相应的危机应对措施，并保证州政府会遵照《斯坦福法案》规定的成本分担机制承担相应的灾难救助支出。《斯坦福法案》中对重大灾难救助计划的项目做出相应规定，包括提供必需的基本救助（如医药、食品和其他消耗品），修理、改造和置换被损坏的设施，清理废墟，对家庭和个人的联邦救助、失业救助等。纳入重大灾难救助计划的项目，联邦提供的救助份额不少于75%，其余部分由州和地方政府承担。在此过程中，如果州和地方政府受灾难影响导致其税收和其他收入严重受损，需要联邦政府的援助才能维持其政府职能的正常运作时，总统有权向其提供贷款，但贷款金额不得超过地方政府每个财政年度预算经费的25%，且总额不得超过500万美元。另外，如果地方政府还欠有此项贷款，则没有资格申请新的救助。在特殊情况下，如果州和地方政府连续三个财政年度都出现收入无法满足机构运作经费的预算的话，贷款的全部或部分将被免除。

（三）灾后恢复重建阶段

灾后恢复重建阶段政府工作的重点主要是恢复重建损毁的建筑物和生活必需设施，帮助受灾害影响的环境、社区、家庭和个人恢复到正常生活的状态。根据美国的经验，恢复重建行动一般包括：恢复正常的社会和生活秩序；重建或修复被损坏的建筑物和设施；建立地方援助中心和灾害援助中心，招募援助人员；实施联邦与州的援助方案；总结应急经验教训等。

在应急财政方面，突发事件援助计划，是一项灾后计划，针对灾难发生后的应急反应工作，是在总统宣告发生突发事件后进行的救助。突发事件是指在美国范围内发生的，需要联邦救助来补充州和地方的救助努力和实际能力，以挽救生命、保护财产和公共安全，减轻或避免更大灾难威胁的事件。与重大灾难援助计划相同，联邦提供的救助份额不少于75%，同时附有救助总金额的限制，对每一起突发事件提供的联邦救助总金额不超过500万美元。只有在特殊情况下，联邦救助总金额可以超过500万美元的限制，所谓特殊情况是指当联邦政府认为存在以下情况时：第一，经过评估，确实迫切需要持续的突发事件救助；第二，存在对生命、财产、公共安全产生持续性威胁的风险；第三，无法及时获得其他渠道和方式的救助。

第二节 日本的应急预算管理

日本位于地震和火山活动比较活跃的环太平洋变动带上,作为占全球面积仅0.25%的国土面积的国家,地震的发生次数及活火山的分布数量比例较高。此外,受地理、地形及气象等各种条件的影响,日本的国土上容易发生台风、暴雨、暴雪等自然灾害,每年因自然灾害导致许多生命和财产损失。直到20世纪50年代后期,因大型台风及大地震造成的死亡人数达到数千人的灾害仍有发生,随着日本防灾体制的建立和强化、国土保全的推进、气象预报准确性的提高及灾害信息的传达手段的充实等,对灾害的应对能力得到很大的提高,面对灾害的脆弱性减轻,因此造成的损失也逐渐减少。1995年发生的阪神大地震造成6400多人遇难,2009年也因风灾水患及雪灾等导致100多人死亡和失踪。自然灾害成为关系日本社会安全的巨大威胁,日本以此为契机,防灾体制得到加强。

日本实行地方自治,全国共设有47个都道府县,都道府县又进一步划分为市町村,主要由这两层地方公共团体担负自治功能。因此,日本财政救灾的显著特点是责任集中于都道府县一层,包括行动责任和资金责任,在此基础上,中央政府进行各种形式的支持和援助。

一 法律保障

在法律层面,日本根据灾害对策基本法及相关法律开展灾害救助。这些法律涉及基本法、灾害预防、灾害应急对策及灾害恢复和复兴等方面,从灾害预防、灾害应对到灾后恢复和复兴,贯穿于灾害救助全过程。具体内容如表6-4所示。

表 6-4　　　　　　　　　日本灾害相关法律

	具体法律	法律出处
基本法	灾害对策基本法	1961 年法律第 223 号
	关于防止海洋污染等及海上灾害的法律	1970 年法律第 136 号
	石油联合企业等灾害防止法	1975 年法律第 84 号
	大规模地震对策特别措施法	1978 年法律第 73 号
	核能灾害对策特别措施法	1999 年法律第 156 号
	关于东南海·南海地震的地震防灾对策推进相关的特别措施法	2002 年法律第 92 号
	关于日本海沟·千岛海沟周边海沟型地震的地震防灾对策推进相关的特别措施法	2004 年法律第 27 号
灾害预防方面	砂防法	1897 年法律第 29 号
	建筑基准法	1950 年法律第 201 号
	森林法	1951 年法律第 249 号
	特别土壤地带灾害防除及振兴临时措施法	1952 年法律第 96 号
	气象业务法	1952 年法律第 165 号
	海岸法	1956 年法律第 101 号
	滑坡等防止法	1958 年法律第 30 号
	台风频繁袭击地带的灾害防除相关特别措施法	1958 年法律第 72 号
	暴雪地带对策特别措施法	1962 年法律第 73 号
	河川法	1964 年法律第 167 号
	关于防止陡峭倾斜地坍塌灾害的法律	1969 年法律第 57 号
	活动火山对策特别措施法	1973 年法律第 61 号
	关于地震防灾对策强化地区的地震对策紧急整备事业相关的国家财政特别措施的法律	1980 年法律第 63 号
	地震防灾对策特别措施法	1995 年法律第 111 号
	关于促进建筑物抗震改造的法律	1995 年法律第 123 号
	关于促进密集市区的防灾街区整备的法律	1997 年法律第 49 号
	关于在土砂灾害警戒区域等的土砂灾害防止对策推进的法律	2000 年法律第 57 号
	特定城市河流泛滥受灾对策法	2003 年法律第 77 号

续表

	具体法律	法律出处
灾害应急对策方面	灾害救助法	1947 年法律第 118 号
	消防组织法	1947 年法律第 226 号
	海上保安厅法	1948 年法律第 28 号
	消防法	1948 年法律第 186 号
	水防法	1949 年法律第 193 号
	警察法	1954 年法律第 162 号
	自卫队法	1954 年法律第 165 号
灾害恢复和复兴方面	森林国营保险法	1937 年法律第 25 号
	罹灾城市租地租房临时处理法	1956 年法律第 13 号
	农业灾害补偿法	1947 年法律第 185 号
	关于农林水产设施灾害恢复事业费国库补助暂定措施的法律	1950 年法律第 169 号
	中小企业信用保险法	1950 年法律第 264 号
	公共土木设施灾害恢复事业费国库负担法	1951 年法律第 97 号
	公营住宅法	1951 年法律第 193 号
	渔船损害等补偿法	1952 年法律第 28 号
	铁路轨道整备法	1953 年法律第 169 号
	公立学校设施灾害恢复费国库负担法	1953 年法律第 247 号
	关于对因天灾受害的农林渔业者等的资金融通的暂定措施法	1955 年法律第 136 号
	空港法	1956 年法律第 80 号
	小规模企业者等设备购买资金援助法	1956 年法律第 115 号
	关于应对严重灾害的特别财政援助等的法律	1962 年法律第 150 号
	渔业灾害补偿法	1964 年法律第 158 号

续表

	具体法律	法律出处
灾害恢复和复兴方面	关于地震保险的法律	1966年法律第73号
	关于为了防灾的集体迁移促进事业相关的国家财政特别措施等的法律	1972年法律第132号
	关于灾害慰问金支付等的法律	1973年法律第82号
	受灾市区复兴特别措施法	1995年法律第14号
	关于受灾划分所有建筑物重建等的特别措施法	1995年法律第43号
	关于实现特定异常灾害的灾民权益保护等特别措施的法律	1996年法律第85号
	灾民生活重建支援法	1998年法律第66号
	株式会社日本政策金融公库法	2007年法律第57号

资料来源：〔日〕内阁府，日本的灾害对策，2011年2月。

为了保护国土安全，国民生命健康以及财产不受损害，以1959年造成严重灾害的伊势湾台风为契机，日本于1961年制定灾害对策基本法，其主要内容包括：明确防灾责任；有关防灾的组织；防灾计划、灾害预防、灾害应急对策、灾害的恢复、财政金融措施及灾害紧急事态。

二 机构设置及职责

在防灾责任方面，随着2001年中央省厅的重组，针对防灾工作，也为了统一各行政部门，新设防灾担当大臣作为特命担当大臣。此外，为了从政府总体角度保证相关行政机构的协作，内阁府主要负责制定防灾相关的基本政策以及在发生大规模灾害时制定应对措施并及时进行调整。在阪神大地震后，为了强化政府

中国应急预算制度构建

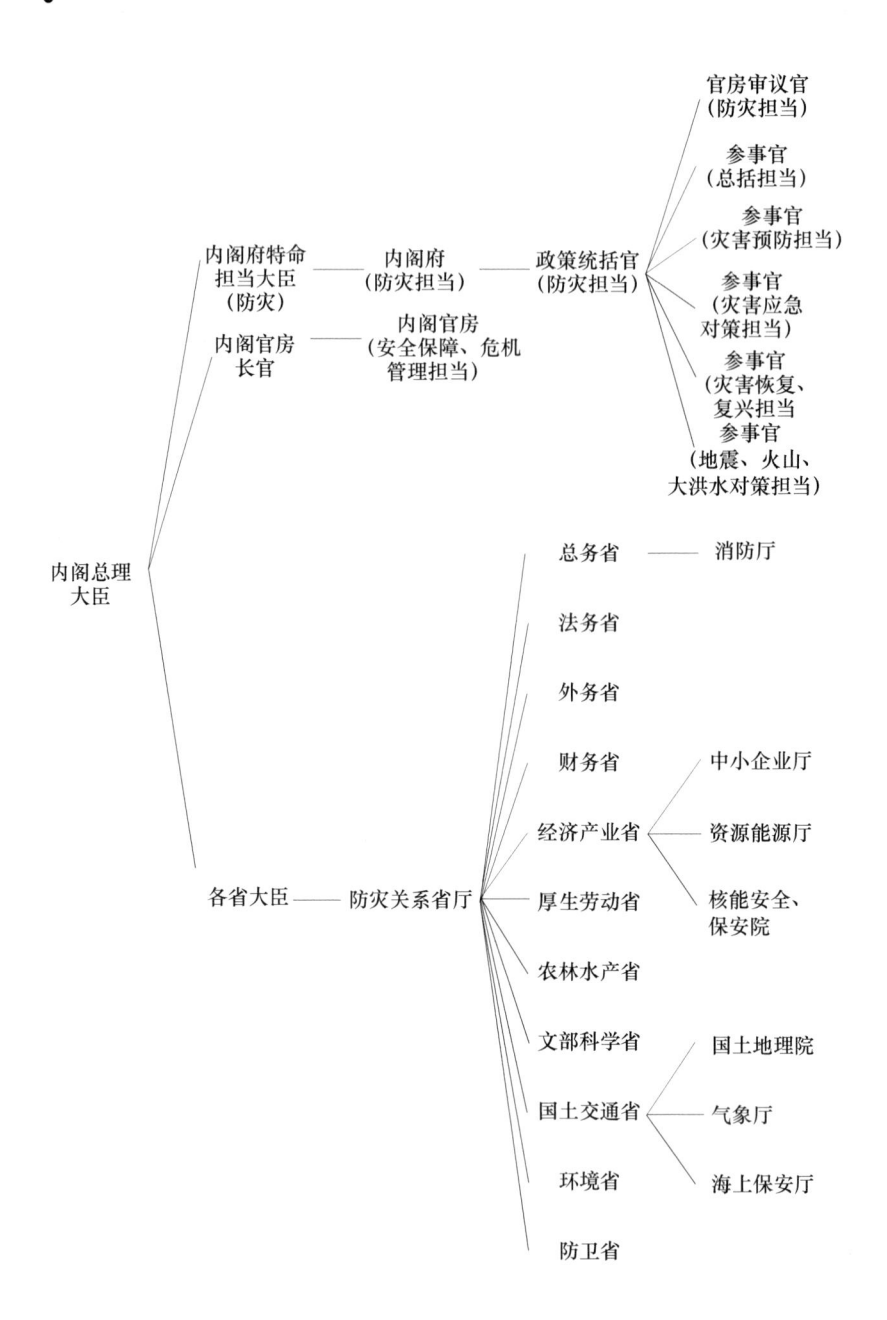

图 6-2 日本防灾组织机构

资料来源：根据［日］内阁府，日本的灾害对策，2011 年 2 月整理。

对大规模灾害及重大事故等紧急事态的危机管理功能，设立内阁危机管理监和内阁信息收集中心等，强化内阁官房的体制。在防灾工作方面，内阁府承担协助内阁官房的任务。

中央防灾会议是关于防灾对策的重要会议之一，根据灾害对策基本法在内阁府召开，由内阁总理大臣担任会长，全部的国防大臣、主要的公共机构负责人及相关人士组成。会议就防灾的重要事项进行审议，承担综合性防灾政策的推进。

日本的防灾计划体系由三部分组成。首先是防灾基本计划，作为日本防灾对策的基础，防灾基本计划是防灾领域的最高层计划，根据灾害对策基本法，由中央防灾会议制定。其次是防灾业务计划，根据防灾基本计划，由指定的行政机构及指定的公共机构制订。最后是地区防灾计划，根据防灾基本计划，由都道府县及市町村的防灾会议结合本地区的实际情况制订。

三　资金管理

（一）灾害预算

日本中央政府和各级政府都设有专门的灾害预算，主要用于科学技术研究、灾害预防、国家土地保全及灾后重建等方面。其中，灾害预防经费主要包括开展国民防灾教育活动，培养防灾减灾专业人才队伍，推进和充实地震、火山、大规模水灾、泥石流等灾害对策的制定以及灾害发生时人员的避难等业务。如表6-5所示，近几十年来，日本在科学技术研究方面基本保持稳定的水平，在灾害预防方面的预算总体呈平稳递增的趋势，在国土保全方面的预算呈递减的趋势，而在灾后重建方面逐年递增，从2003年的21.8%占比增长到2020年68.9%的占比，绝对数上也从2003年的6892.55亿日元增长到2020年的16880.55亿日元，涨幅明显，灾后重建成为资金投入的重点。其比重约占防灾减灾预算的 2/3。加大对防灾减灾的投入力度是近年来日本提升灾害管理能力和水平的重要特点之一。

表 6-5　　　　　　　2003—2020 年日本政府的防灾经费

年度	科学技术研究 亿日元	%	灾害预防 亿日元	%	国土保全 亿日元	%	灾后重建 亿日元	%	合计（亿日元）
2003	351.33	1.1	8141.01	25.7	16256.70	51.4	6892.55	21.8	31641.59
2004	304.78	0.7	8150.59	19.3	17534.18	41.5	16221.12	38.4	42210.67
2005	110.97	0.4	8662.90	28.6	14267.45	47.0	7286.06	24.0	30327.38
2006	116.27	0.4	6895.05	25.1	14391.29	52.3	6103.02	22.2	27505.63
2007	96.87	0.4	7068.53	29.0	13322.22	54.6	3916.37	16.0	24403.99
2008	89.21	0.4	8193.59	33.2	12751.35	51.7	3634.71	14.7	24668.86
2009	87.61	0.4	4983.97	23.0	13832.54	63.7	2797.89	12.9	21702.01
2010	76.95	0.6	2248.41	16.9	8133.59	61.1	2850.38	21.4	13309.33
2011	280.72	0.6	3833.84	8.2	7439.36	15.9	35348.30	75.4	46902.22
2012	534.96	1.1	10105.35	20.7	9515.61	19.5	28545.37	58.6	48701.29
2013	153.39	0.3	7860.46	14.1	8799.32	15.8	38818.75	69.8	55631.92
2014	166.88	0.4	7712.10	16.3	8413.67	17.8	31026.91	65.6	47319.56
2015	149.61	0.4	7018.43	18.4	1552.39	4.1	29519.23	77.2	38239.66
2016	140.23	0.3	6963.99	14.3	3183.20	6.5	38555.16	78.9	48842.58
2017	101.23	0.3	7903.61	22.1	2676.29	7.5	25153.84	70.2	35834.97
2018	227.81	0.8	7374.29	16.3	4827.11	4.0	28342.84	78.8	40772.05
2019	143.90	0.3	8144.71	19.5	5123.24	12.3	28390.61	67.9	41802.46
2020	138.97	0.6	6217.29	25.4	1250.64	5.1	16880.55	68.9	24487.45

资料来源：[日] 内阁府：防灾白书附属资料，令和 2 年。

（二）救灾物资储备

救灾物资储备工作主要由各级地方政府负责，也包括各区市町村政府。救灾物资主要指食品、饮用水、毯子等生活必需品。各级政府应明确规定所储备救灾物资的种类和数量，如饮用水供水标准是每人每天 3 公升以及据此计算需要建设多少应急水槽和相关设施。

（三）复兴基金

复兴基金作为灾害预防的措施之一，在地方政府层面建立复兴基金，以正常年度地方政府的财政盈余、平常投资、贷款的收益以及个人和居民的捐款等均作为资本金进入，资金运作产生的收益也作为事业金留存。当灾害发生时，地方政府可用于应急响应、灾民救助和灾后重建等。中央政府对此则予以税收方面的支持。此外，当发生的巨大灾害导致灾后重建资金超过防灾预算时，日本法律规定，地方政府可以发行专门的灾后重建债券，同时中央政府也可以向地方提供各类长期性质的重建贷款。

（四）政策性金融体系

日本具有相当完善的政策性金融体系，在面对灾害时，政策性金融主要体现在住房重建和产业重建支持两个方面。在住房重建方面，政策性金融支持主要体现为赈助性贷款，在户主受伤，家庭财产遭受损失或者住宅坍塌、半坍塌或损坏等情况下，对二人家庭收入达到 430 万日元的，提供 350 万日元为上限的无息贷款，从借款之日起 10 年还清。贷款的发放和回收主体是市町村，但资金是中央和地方按照 2∶1 的比例提供。不过政府间的这种政策性贷款也不是无偿的，需要按照一定期限进行偿还，一般为 10—20 年。法律还规定，如果个别贷款主体因特殊原因在到期时无力偿还时，可以酌情予以免除。在产业重建方面，对农林渔业恢复经营提供贷款支持以及对中小企业恢复生产提供贷款。贷款的主体是日本政策性金融公库、冲绳振兴开发金融公库、国家和地方政府资助的农村、银行和各项共济组织等。对符合条件的受损农林渔业和中小企业发放优惠贷款，与市场利率相比，优惠贷款利率低且期限较长。

(五) 地震保险

1966年日本颁布地震保险法，采取政府与商业保险公司合作的模式，财政在其中发挥至关重要的作用。在整个地震保险体系中，投保人、商业保险、再保险公司和政府共分为四层保险关系。首先，日本所有公民直接向各财产保险公司购买地震保险；其次，各财产保险公司就承担的地震保险业务，全额向日本地震株式会社再保；再次，日本地震株式会社在扣除政府应该负担的额度与自留额后，剩余部分全额转再保于各财产保险公司，形成再保与转再保的关系；最后，日本地震株式会社与政府签订地震保险超额转再保合同，当地震保险超过日本地震株式会社的保险责任时，由国会承认在一定的责任限额内由政府承担。

四 应急财政管理过程

(一) 应急阶段的财政赈灾

日本《灾害救助法》是政府对灾区、灾民进行紧急救援的主要法律依据。《灾害救助法》规定：都道府县知事负责实施应急救援，市町村长辅助其工作。在灾害发生时，保障个人的基本生活权利以及社会的整体秩序，对面临食品及其他生活必需品的缺乏、住所的丧失及伤病等困难的受灾者进行应急的临时性救援。

一旦灾害发生，都道府县紧急行动起来，动用灾害准备金应急。应急费用主要用于：避难所等收容设施及临时住宅的提供、食物供给，包括提供做饭的手段，供给水源、被服、寝具及其他生活必需品发放或借贷、医疗及助产、受灾者的救援、受灾住宅的应急维修、受灾者生活所需的费用、贵重物品的提供或借贷、学习用品的提供、埋葬、尸体的搜寻及处理及清除由于灾害堆积在住宅及其周围的土石、竹木等对日常生活有显著影响的物体等。应急费用原则上由实施救助的都道府县支付，根据支付能力，中央政府最高可负担90%。

（二）过渡阶段的财政应急赈灾

通常应急阶段持续10—15天，然后转入灾民临时安置与生计恢复阶段，针对这一时期，相关法律规定的救援项目包括以下几方面。

1. 设立灾害抚恤慰问金

如果家庭成员中主要经济支柱死亡，政府发放500万日元慰问金，其他成员则发放250万日元慰问金；如果家庭成员中主要经济支柱重度残疾，政府发放250万日元慰问金，其他成员则发放125万日元慰问金。资金由各级政府共同负担，都道府县政府承担75%，中央政府承担都道府县承担费用的2/3，余下部分由市町村政府承担。

2. 生活再建援助

生活再建援助分为无偿的财政援助和赈灾性质的贷款两种形式。无偿的财政援助，根据1999年设立的《受灾者生活再建支援法》，政府对灾害中受损的房屋修复与重建提供资金支援。针对全倒、拆除、长期避难和大规模半倒几种情况，给予100万日元和50万日元不等的区别补助。2004年对该法进行修订，对自建和购买住房者，将100万日元补助提高到300万日元，维修提供100万日元，租赁（除集体住宅外）提供50万日元。2007年再次进行修订,废除年龄及年收入的限制,并对以前几次地震灾害进行追溯补给,这部分资金由中央和地方政府各负担50%。赈灾性质的贷款包括灾害援助资金贷付、生活福祉资金贷付、母子寡妇福祉资金贷付等。贷款的发放和收回主体是市町村,但资金由中央和都道府县提供,中央政府承担2/3,都道府县承担1/3,但资金并不是无偿的补助,是需要偿还的无息贷款。中央对都道府县提供的资金需要在20年内偿还,都道府县提供给市町村的资金需要在10年内偿还。如果各贷款主体在到期时因特殊原因确实难以还款的,可以依法免除。

3. 教育方面的财政支持政策

教育方面的财政支持政策包括教科书的无偿使用、中小学生援助、高等学校资料费减免措施、紧急奖学金和紧急儿童扶助等。

4. 税收支持政策

在税收支持政策方面,中央和地方在各自权限范围内给予相关税收减免。

(三) 基础设施重建中的财政援助

日本通过了《面对重大灾害时的特别财政支援法》(简称《重灾法》),规定了在重大灾害发生后中央对地方政府的特殊扶助措施,提高国家对灾后重建事业的补助比例等,减轻地方公共团体和受灾者的负担,具体标准依行业不同而有所不同。另外,《重灾法》规定了基础设施中"复原如旧"的原则,即道路、设施等在受灾前的原址上重建。这样,一方面,有助于中央计算补助资金的基础,使中央补助有据可依;另一方面,地方政府不能根据实际实施重建计划,最终选择补助比例较高的产业等。

(四) 民间组织与应急财政的关系

日本社会存在大量的NGO组织,通过日常的运作和灾后专项募集，这些NGO组织积累大量资金，可以参与到防灾、救灾、应急响应和灾后恢复重建的全过程，减轻政府的财政负担，同时可以弥补政府统一政策下不能充分满足受灾群体的特殊需求的缺点，是日本灾害管理中不可或缺的一部分。对于NGO组织，日本各级政府通过各类税收减免和政府购买服务为其提供支持，对规模较大、职能重要的NGO组织，甚至采取直接划拨财政资金供其运作。其中最为著名的是"日本平台"（Japan Platform，JPF）。"日本平台"成立于2000年8月，主要任务是协调整合NGO、政府与企业的关系，参与国际、国内的紧急救援任务。自JPF成立以来，涉及紧急救援范围广泛，包括应急救援的资金筹集、交通、物资、专业人员、各类服务和志愿者等各方面。

1. 资金支持

在资金支持方面，日本政府每年向其注入大量资金，一部分是常规补贴，这部分资金不特别指定用途，只是宽泛地用于执行紧急救援和强化援助能力；另一部分是项目资金，用于指定项目。如果JPF参与地方项目，地方政府也会给予一定金额的补贴。

2. 工作程序

JPF的工作程序如下：一旦发生紧急情况并需要确认行动时，这时一方面征召满足灾区需要的NGO组织，执行救援行动；另一方面启动筹资机制，为行动筹集专项资金。因此，JPF在紧急救援中兼具信息、协调、指挥、筹集和监督等功能，其职能类似于NGO中的政府组织，化分散行动为整体，最大限度将各方优势整合在一起，提高救援效率。对政府来说，JPF的存在将一部分原属于政府的职责转变为民间组织的工作，政府仅需要对其提供引导和资金支持，相当于政府购买服务。同时，在国际上有助于提高日本的国际形象，在国内有助于满足民众的应急需求，促进公民社会成长。

第三节 澳大利亚的应急预算管理

澳大利亚应急管理中心的报告显示,澳大利亚遭受的自然灾害有干旱、暴风雨、洪水、森林火灾、热浪等,火山爆发、地震和滑坡也在局部地区偶尔发生。澳大利亚作为一个以农业和畜牧业为主的国家,生态灾害也很严重,诸如蝗虫灾害和蟾蜍灾害也威胁着成千上万亩农田。

为应对各种自然灾害和人为灾害,澳大利亚联邦政府、州政府和地方政府都设有专门的应急管理机构,制定专门的应急法律和计划,根据灾害的性质和影响范围启动不同层次的应急机构,形成了相对完善的应急管理体制。

一 法律保障

在联邦层面,澳大利亚应急事务管理署(Emergency Management Australia,EMA)是联邦政府成立专门用来管理应急事务的机构,负责组织和协调各部门的赈灾工作,强化国家应急管理能力和防灾减灾能力。在地方层面,各州和地方政府也分别成立应急管理委员会,负责属地内的防灾减灾工作。

在法律安排方面,《自然灾害救济与恢复安排》(Natural Disaster Relief and Recovery Arrangements,NDRRA),对应急财政管理方面的财政援助项目和标准做出相应规定,对联邦、州和地方的事权和支出责任也做出具体划分。灾害发生后,联邦政府依据NDRRA直接向各州政府提供财政援助,帮助州政府支付某些与赈灾和恢复援助措施有关的费用,由EMA进行统一管理,以减轻各州的财政负担并提高救援效率。根据NDRRA规定,州政府在灾难发生后立即启动救援与恢复工作，而无须联邦政府批准。根据安排各州也可以自行决定援助的类型和水平，并支付相应的救灾和重建费用。

二 机构设置及职责

澳大利亚是一个联邦制国家，国家行政层级分为联邦、州和地方（包括城、镇、市和郡）三级，现有6个州，两个地区政府及900个地方政府机构。联邦、州和地方政府按照宪法规定独立行使权利，地方实行自治，城、镇、市和郡作为地方政府的分支，分别管理各自的事务，独立性很强。在灾难管理方面，澳大利亚是以联邦政府、州和地方政府、社区之间的伙伴关系为基础，在各级政府之间划分各自事权范围，形成一套三个层级各自承担不同职责的应急财政管理体系：联邦政府对外代表国家处理海外灾难应急管理事务，对内负责救助资源的调配、财政资金使用、灾后恢复重建等方面；州和地方政府通过制定相关法律、建立委员会机构等举措负责灾难应急的规划，承担具体的组织和实施工作及灾难救助任务；社区虽然不直接控制灾难响应机构，但在灾难预防与救助过程中承担协调的责任。

鉴于自然灾害发生得日益频繁和严重，澳大利亚政府意识到要提高本国抵御风险及从灾害中恢复的能力，需要进行全国性的协调与合作。抗灾能力的提高是社会各界包括各级政府、企业、非政府部门和个人在内的集体责任。

（一）联邦层面职责

在联邦层面，政府总理是联邦政府灾害管理的最高行政首长，设立联邦抗灾委员会作为抗灾决策协调议事机构，由联邦各部门和有关机构的代表构成，总理担任主席，就抗灾救灾的重大问题进行决策,同时协调联邦各部门、各州和各地的行动。同时设有应急事务管理署,负责防灾救灾日常管理工作,职责范围涉及自然灾害、人为灾害和技术灾害等13个方面的应急管理,协调联邦与州和地方的关系,与灾害管理权威机构、州政府、地方机构和社会团体以及世界范围内的相同组织都有紧密联系。应急事务管理署又设有应急管理联络处、计划和执行处、发展处、知识管理与运营处、教育和培训处以及社区发展处。具体划分见表6-6。

表6-6　　澳大利亚应急管理部门机构设置及其职责范围

部门		职责
国家应急决策机构	联邦抗灾委员会	就防灾救灾重大问题进行决策,统筹协调联邦各部门、各州和地方的行动
国家灾害日常管理和协调机构——应急事务管理署(EMA)	应急管理联络处	负责管理EMA的外部关系,协调应急管理事务等
	计划和执行处	负责管理EMA的灾难反应预案,协调联邦对州、地方和乡村的援助,管理国家应急协调中心,制订应急计划等
	发展处	负责灾难预防和减灾战略,统筹政府、企业和社区的应急管理运作,协调应急管理政策
	知识管理和运营处	负责应急管理中的信息管理,预算管理等
	教育和培训处	负责教育与培训的开发与执行,应急管理研究与社区教育
	社区发展处	负责与社区组织的联络与培训,与地方政府、社区组织在应急反应事务上的协调

续表

部门		职责
国家应急管理工作机构	联邦各部门	负责各自职责范围内的灾害管理工作
州和地方防灾救灾应急管理机构		每个州和地方政府都设有防灾救灾机构，名称各异，但都是在州或地方层面组织应对自然灾害，提供救援服务

资料来源：根据沈荣华《国外防灾救灾应急管理体制》，中国社会出版社 2008 年版，第 124—131 页整理。

(二) 各级政府职责

各级政府在加强国家抗灾能力方面承担着极为重要的责任，主要包括以下职责：制定并实施有效的风险管理规划及其他减灾活动；通过有效安排合理评估风险，减少人们暴露在风险中的可能性；建立完善的教育体系，使人们了解在危险来临时如何进行选择并采取最佳的应对措施；帮助社区和个人做好应对极端事件的准备；确保应急服务和志愿服务在灾害发生时做出最有效和协调的应对；以迅速有效的方式从灾难中恢复，并在灾后及时适应调整。澳大利亚政府正在努力将抗灾能力原则融入从防灾、备灾、救灾到灾后恢复的抗击自然灾害安排的各个方面。[1]

(三) 企业职责

企业通过提供抗灾所需的资源和基本服务，在支持社区抗灾方面发挥着基础性的作用。特别是基础设施的提供企业，了解其

---

[1] Council of Australian Governments, *National Strategy for Disaster Resilience*, February 2011, p. 4.

面临的风险以确保在灾难发生时或灾后继续提供服务,为抗灾做出贡献。

(四) 个人的职责

抗灾能力的基础是个人承担起从预防、准备、应对到灾后恢复的责任。如社区组织可以充分利用政府给予的资源和政策,积极规划和准备保护居民生命和财产安全,提高个人和家庭的抗灾能力。另外,个人作为志愿者尽可能参与并了解当地社区的应急管理安排,也可以提高个人的抗灾能力。

(五) 非政府组织和志愿者的职责

灾难发生时,民众直接向非政府组织和志愿者寻求帮助,以此从灾难中恢复。因此,非政府组织和社区组织是提高抗灾能力的重要保证。澳大利亚政府将继续与非政府组织合作,传播抗灾信息,提升抗灾能力。

三 资金管理

NDRRA 对州和地方政府获取财政资金的条件进行规定,即只有超过24万美元的小灾害标准时,州和地方政府才能向联邦政府申请援助,且援助时间不得超过灾后24个月。为了获取联邦政府的援助,州和地方政府必须做到:公开承认使用联邦政府的援助;采取了相应的减灾措施;有充足的财力保障;对保险支持安排进行独立评估;提交灾后评估报告以及提交季度费用预测报告等。澳大利亚由于地广人稀,地区间经济发展也各不相同,各州间财力也有明显差距,为了公平分配联邦应急财政资金,NDRRA 中设定了具体的预算线:第一预算线是指州和地方在两年前的一个财年的总财政收入;第二预算线是第一预算线的1.75倍。各州预算线由澳大利亚联邦统计局(Australian Bureau of Statistics）以书面形式通知给各个州和地方政府。

（一）NDRRA 援助的一般原则

第一，NDRRA 援助针对的是紧急救援，而不是损失发生后的补偿或恢复。

第二，NDRRA 并不是要取代适当的自救策略，如购买保险或采取适当的减灾措施。

第三，各州和地方政府在根据 NDRRA 寻求联邦政府的援助之前，应根据各自的职责范围，利用现有资源提供灾难援助。

第四，NDRRA 援助应作为补充援助存在。

第五，NDRRA 援助为各级政府提供援助，旨在实现资源的有效配置。

（二）NDRRA 援助措施

NDRRA 援助措施主要包括以下四类，具体措施见表 6-7。

1. A 类措施

A 类措施帮助个人减轻灾害造成的困难，由各州自动提供，无须联邦政府审批。

2. B 类措施

B 类措施帮助州或地方政府恢复公共资产及进行一些赈灾活动，包括通过优惠贷款、补贴和捐赠向企业、小生产者、非营利组织和贫困个体提供援助，由各州自行提供，无须联邦政府审批。

3. C 类措施

C 类措施为受严重影响的地区或部门提供援助，包括提供清理和恢复资金，设立社区恢复资金。C 类措施只有在受灾害严重影响时提供，是对 A 类措施和 B 类措施的补充，通常在对受灾地区的灾害评估后予以考虑，在经首相批准后由各州自行提供。

4. D类措施

D类措施针对A、B、C类措施以外的特殊情况，通常在评估灾害影响和具体恢复情况后考虑，在经首相批准后由各州自行提供。

表6-7　　NDRRA援助措施、援助比例和触发因素

种类	援助措施	援助比例	触发因素
A类措施	1. 帮助减轻个人困难和痛苦； 2. 提供应急食物、衣物及住处； 3. 维修或更换家具； 4. 对住房进行维修使其达到可居住状态； 5. 拆除或重建住房； 6. 清理住宅废墟； 7. 直接援助个人； 8. 财政咨询； 9. 与提供上述援助有关的其他费用	如果一个财政年度内，州和地方符合条件的支出总额低于第一预算控制线，或者第一预算控制线和第二预算控制线之间，联邦政府承担救灾支出的50%，超过第二预算控制线时，联邦政府承担救灾支出的75%	符合条件的超过24万美元的小灾害标准
B类措施	1. 将道路、桥梁和学校等基本公共资产恢复到灾前标准； 2. 向企业、小生产者、非营利机构和贫困个人提供优惠贷款、补贴和捐赠； 3. 保护公众的赈灾行动	第一预算控制线和第二预算控制线之间，联邦政府承担救灾支出的50%，超过第二预算控制线时，联邦政府承担救灾支出的75%	一个财政年度内符合条件的州和地方支出一旦超过第一预算控制线
C类措施	1. 社区重建基金； 2. 对小企业、小生产者补贴	在商定措施时确定（一般为商定措施的50%）	须经首相批准
D类措施	有利于减轻损失的其他措施	在商定措施时确定（一般为商定措施的50%）	须经首相批准

资料来源：Natural Disaster Relief and Recovery Arrangements, *Disaster Recovery Funding Arrangements*, 2018, Australian Government Department of Home Affairs, p. 3.

(三) NDRRA 资金安排

根据 NDRRA 资金安排，澳大利亚政府可向各州提供高达 75% 的财政援助，用于赈灾和恢复的支出。资金可以采取财政补偿或以预付的形式提供。预付通常用于应对重大或破坏性极强的自然灾害支出，并且灾害支出很可能超出州在短期内应对的程度。联邦政府向各州提供的财政援助水平取决于援助类型和一个财政年度内州的支出水平。在 2019 年 12 月 12 日澳大利亚开始实施《应急基金法》（The Emergency Response Fund Act 2019, ERF）。法案规定，澳大利亚政府可以在任何年度在现有资金的基础上提取 2 亿美元，为自然灾害应急响应和灾后恢复重建提供额外可持续的资金来源。2019—2020 年，ERF 在每个财政年度提供 1.5 亿美元的资金，用于重大自然灾害应急响应和灾后恢复工作，并在每个财政年度提供 5000 万美元，以提高对未来自然灾害的抗灾能力，降低自然灾害风险。

四 应急管理过程

澳大利亚在灾害管理方面实行全过程的综合应急管理，覆盖灾害的预防、准备、反应和恢复重建等各个阶段。

(一) 预防和准备阶段

在预防和准备阶段，澳大利亚尤为重视风险评估、测试演习、沟通协调等环节，尽量预防灾害事件的发生，同时也为无法避免的灾害事件的发生做好准备，减少灾害带来的损失。

(二) 应急反应和恢复重建阶段

灾害发生后的应急反应阶段和恢复重建阶段，各级政府都有明确的应急管理职责划分。根据宪法规定，联邦政府负责实施综合管理，保护公民生命和财产安全，并建立联邦与州和地方的合作关系。在发生重大灾害时，联邦政府为州和地方政府的应急管理提供指导，提供专业评估、预警和气象地质灾害控制等方面的服务。在此过程中，需要应急事务管理署通过与财政部、行政部、地球科学和气象局等部门的合作，实现灾害应对计划。在救援过程中，如果需要采取紧急行动，联邦政府可以启动联邦救灾特遣组织，该组织由首相和内阁领导，由政府各部门各机构的代表组成。启动联邦政府救灾行动的程序是，在州或地方政府向联邦政府请求援助后，得到授权的官员将请求援助报告递交给联邦应急事务管理署的总指挥官，得到总指挥官同意后可以获得联邦政府的准许，满足州或地方政府的需求。当发生紧急灾害时，州或地方也可以直接从当地的澳大利亚国防力量组织寻求协助以减轻灾难带来的伤害。

第四节　国际经验与启示

一　完善的应急管理法律体系

从美国、日本和澳大利亚对应急管理的情况来看，美国在联邦政府层面关于应急资金支出方面的法律依据是《斯坦福法案》，各州政府也设立了本级的灾难救济法，并设有相应的应急救灾基金。日本开展灾害救助主要依靠《灾害对策基本法》及相关法律，法律涉及从灾害预防、灾害应对到灾后恢复和复兴，贯穿于灾害救助全过程。澳大利亚的《自然灾害救济与恢复安排》（NDRRA），对应急财政管理方面的财政援助项目和标准做出相应规定，对联邦、州和地方在赈灾中的事权和支出责任也做出具体规定。

可以看到，三国都已经建立相对完备的应急管理法律体系，实现"依法应急"。这种完善的法律体系体现为：首先，在最高级次明确规定紧急状态制度，成为应急法制中的"基本法"，其他相关法律都需要以此为依据和准则进行制定。对各级政府在紧急状态下的管理权限进行明确界定，使政府在突发事件发生时能够严格按照法律规定行使各自职责，避免越权或逃避责任的情况发生。其次，法律规定从灾害预防、灾害应对到灾后恢复和复兴，贯穿于灾害救助全过程，对实际工作中可能遇到的问题都做出详细、明确的界定，从政府部门哪一级次负责、采取什么样的方式到应急资金划拨都做出详细规定，将危机带来的损失最小化。在紧急状态法的指导下，各级政府、部门能够在突发公共事件发生后迅速形成统一、完善、有序和高效的指挥机制。

二 明确的应急管理事权和支出责任划分

从美国、日本和澳大利亚的应急管理的事权划分来看，三个国家在中央（联邦）政府与地方政府之间都做出明确的责任划分，一般来说，中央（联邦）政府主要承担突发公共事件的前期准备、预防及重大突发灾害发生时的减轻灾害损失的责任，而突发公共事件发生过程中的应急救援和灾害恢复重建等具体工作由地方政府负责。中央（联邦）政府一般不会轻易干预地方政府履行职责，只有在灾难非常严重的情况下，以至于超过受灾州和地方政府承受能力时，由州政府向联邦政府申请援助，联邦政府依据相关法定程序介入。在支出责任方面，地方政府可以自行决定本地应急援助的类型和水平，并支付相应的救灾和重建费用，实施应急救援，提供必需的基本救助（如医药、食品和其他消耗品），修理、改造和置换被损坏的设施，清理废墟，对家庭和个人救助、失业救助等，对美国来说联邦提供的救助份额不少于

75%，其余部分由州和地方政府承担。日本设立灾害抚恤慰问金，资金由各级政府共同负担，都道府县政府承担75%，中央政府承担都道府县承担费用的2/3，余下部分由市町村政府承担。澳大利亚规定如果一个财政年度内，州和地方符合条件的支出总额低于第一预算控制线，或者第一预算控制线和第二预算控制线之间，联邦政府承担救灾支出的50%，超过第二预算控制线时，联邦政府承担救灾支出的75%。同时根据NDRRA安排，澳大利亚政府可向各州提供高达75%的财政援助，用于赈灾和恢复的支出。明确的支出责任划分坚持属地管理原则，地方政府是支出责任主体，在灾害发生后当地政府根据自己肩负的责任，在自己的资源和财力范围内第一时间开展应急救援，提高救援效率。在灾害处置超出地方政府能力范围时，可以提请上级政府援助。中央政府在实际援助过程中并不会大包大揽，而是按照法律法规规定进行科学救助，实现中央和地方在应急管理上的激励相容。

三 完备的应急组织体系

公共突发事件的应急管理工作并不是一级政府或一个部门可以独立完成的，而是需要各级政府以及各职能部门间相互配合，共同合作完成。从美国、日本和澳大利亚的经验可以看出，美国在联邦政府层面建立联邦应急事务管理署协调联邦与州和地方的工作，进行应急事务管理。日本设立内阁府负责制定与防灾相关的基本政策，设立内阁危机管理监和内阁信息收集中心等，强化内阁官房的体制，加强政府对大规模灾害及重大事故等紧急事态的危机管理功能。澳大利亚在联邦层面，成立应急事务管理署专门用来管理应急事务，负责组织和协调各部门的赈灾工作，强化国家应急管理能力和防灾减灾能力。在地方层面，各州和地方政府也分别成立应急管理委员会,负责属地内的防灾减灾工作。三个国家都是从中央政府层面设置专门的核心决策机构,在灾害发生时,该组织可以以全局的角度、以最快的速度协调组织各部门机构应对突发事件。同时,地方也设置相应机构,根据突发事件的严重程度和类别,采取不同的应对措施。突发事件应急组织体系不仅需要纵向上上下级政府职能部门间相互配合,横向上也需要各职能部门间协调配合。

四 健全的应急预防体系

美国、日本和澳大利亚都拥有健全的应急预防体系,如美国在《斯坦福法案》中设定了灾难防御救助计划对联邦政府、州和地方政府的救助责任、资金提供比例、用途和标准等都做出详细说明,在现实中也易于操作。日本在灾害对策基本法中对防灾计划也做出规定,中央政府和各级政府都设有专门的灾害预算,包括灾害预防方面。还制订专门的防灾计划,包括防灾基本计划、防灾业务计划和地区防灾计划,以降低突发性公共事件的破坏性。澳大利亚也十分重视预防性财政投入,在 NDRRA 资金安排中规定资金可以采取财政补偿或以预付的形式提供。预付通常用于应对重大或破坏性极强的自然灾害支出,并且灾害支出很可能超出州在短期内应对的程度。在财政的一般性支出中注重对公共领域的建设,增强公共基础设施和服务应对灾害的防御能力,对突发性公共事件的预警投入也尤为重视。

五 充分调动社会力量参与

1789—1947 年,美国主要依靠美国国家红十字会从私人渠道筹集资金,与州和地方政府合作共同完成赈灾工作。日本拥有若干防灾救灾方面的专业性民间组织和社会团体,在紧急情况下接受政府统一调配。澳大利亚从政府的职责、企业的职责、个人的职责及非政府组织的职责几个方面论述了其在抗灾中的重要性,企业、个人和非政府组织在抗灾方面发挥着基础性的作用,只有充分调动各方的积极性,才能从根本上提升一个国家的抗灾能力。

政府部门作为处理公共突发事件的主体,但是在财政投入、人员支出和组织结构分配方面存在不足,影响处置效率及效果,因此,借助财政或税收支持政策,积极联合社会力量,调动社会力量参与到应急处置环节之中,共同应对公共危机。提升一个国家的抗灾能力不是一项可以在规定时间内完成的独立活动,其实现需要社会各界的共同承诺和努力,建设一个更具抗灾能力的国家也是未来投资的方向。

第五节 本章小结

本章通过梳理美国、日本、澳大利亚三个国家的应急管理实践,从法律保障、机构设置、资金管理以及应急财政管理过程几个方面介绍三个国家的已有经验,得出完善的应急管理法律体系为应急管理提供有序高效的指挥机制,明确的应急管理事权和支出责任划分提高了应急救援效率,完备的应急组织体系提高了国家应急管理能力和防灾减灾能力,健全的应急预防体系增强公共基础设施和服务应对灾害的防御能力,充分调动社会力量参与提供充足的物质保障,实现风险分担等经验。

尽管美国、日本、澳大利亚在处理应急实践中具有很多优秀的做法和先进的经验值得我们学习借鉴,但是由于各自的国情不同，发展程度不同，国家体制不同等原因，决定了我们不能照搬照抄发达国家在灾害的预防、准备、反应和恢复重建方面的做法，而是要立足我国国情，从实际出发，牢牢把握"我国仍处于并将长期处于社会主义初级阶段，我国仍是世界上最大的发展中国家"这个基本国情，在此基础上充分借鉴发达国家应急管理中的先进理念和先进经验，取长补短，不断改进并完善我国的应急管理制度，建立我国特有的应急预算制度，为应对各种突发性公共事件做好准备，使政府在公共危机发生时发挥应有的作用，将损失降到最低限度。

第七章　近期措施：完善当前应急预算管理制度

根据当前我国应急预算管理制度存在的主要问题，需要因时因地不断完善才可以从容应对各类突发的公共事件。从当前的形势来看，具体可从以下几个方面展开。

第一节　改革公共预算

公共预算与应急管理两者相辅相成、密切相关。鉴于我国当前预算管理在应急管理功能上的不足，完善应急预算管理制度既是理论铺垫的需要，又是实践的需求。考虑到国内外实践基础和改革现状，我国可以在公共预算的功能、程序和账户三个重要维度进行改革，力求建立科学的应急预算制度，并促使其在应急管理中加以应用，形成应急预算管理体制。具体可分为下列三方面。

一　拓宽预算应急功能

党的十八大提出要加强全口径预算审查和监督，党的十九大强调建立全面规范透明、标准科学、约束有力的预算制度。从常规事项拓展到非常规事项管理是预算功能全面性的基本要求，完善预算的应急功能是我国公共预算的重要创新内容。在功能层面，应急预算与针对各类突发事件的全过程应急管理相对应，提升政府应急管理能力是应急预算改革的直接目标。也就是说，确保应急预算制度应针对我国划分的自然灾害、公共卫生事件、突发性事故和社会安全事件四类突发事件，并保障其在减缓、准备、响应和恢复四个应急管理阶段分别发挥预算资源配置作用。

二 设置应急预算程序

应急预算本身也是一套法定程序，推动应急管理过程遵循这套程序是应急预算管理的实质。换言之，实现应急管理与公共预算之间的无缝对接要求应急管理遵循适当的预算程序。基于实操而言，应急管理与预算管理程序之间，大致可以通过"分立""嵌入"两种方式进行融合，前者要求为应急管理制定适当的专门的预算管理程序；后者把应急管理和常规事务放在同一个预算平台上。

三 建立应急预算账户

建立应急预算账户体系是实施应急预算改革的重要内容。长期以来，即使在公共预算体制已经非常发达的美国，联邦政府也常常通过在预算执行过程中，依靠补充拨款进行突发事件救助管理。近年来，美国一方面寻求编制意外事件损失预算，另一方面也尝试借鉴州和地方政府经验，在事前建立应急储备账户，从而减少对调整预算的依赖。在我国复式预算体制下，建构应急预算"账户"，需要处理好与现有一般公共预算、国有资本经营预算、政府性基金预算、社会保险基金预算四个预算账户的衔接呼应关系。

第二节 加强应急预算管理的法治化建设

我国的应急预算管理的完善，离不开法制化的有力支撑，只有在法律的保障之下，才可以更好地提升其影响力以及运行绩效。

一 为应急预算管理构建良好的法治环境

（一）把应急管理提高到宪法的高度

首先，在宪法中对突发公共事件的确认、应对原则以及管理权等做出明确规定。其次，制定统一的危机状态管理法，明确下列具体问题：危机状态的确认和宣布；政府的危机管理权；政府在危机状态下的回应措施；危机状态下的法律责任等。在此基础上，制定、完善应对各种各样危机突发事件的专门法律法规。

（二）搭建应急财政管理体系

关于应急财政管理体系的搭建，也必须纳入法律法规的覆盖范围，并有针对性地制定一系列相关制度，强化法律和制度对于应急财政管理在实践运行中的明确指导和刚性约束，提高财政部门职能履行的效率。比如，我国目前对于特大灾难的财政保障不属于国家应急管理部的财政预算范围；国家应急管理部并没有直属的区域性分支机构进行直接的物资支援；按照"区域协同、城乡协同、行业领域协同、军地协同"已成立的长三角、京津冀等地的应急联动机制协议中，还没有涉及政府间横向转移支付问题；2020年年初发生的新冠肺炎疫情中，国务院紧急成立了"联防联控机制"，进行多部委协调。实际上，上述所有机构的财政权利均须预先得到法律授权。

二　应当进一步健全与应急预算相关法律法规

我国现在已经制定了处理灾害的多个法规，但并没有一部全国层面的突发事件应急处理的立法，无法对地方的个体法规进行个体协调和管理。在法律依据不充分的条件下，对重大自然灾害的应对主要是决策者随机处理的结果，在财政拨款上也存在很多不确定性。为此，应在《突发事件财政应急保障预案》的基础上，尽快制定、完善重大自然灾害类突发公共事件财政应急保障的内容，明确规定财政应急预算的编制和执行、不同主体在应急中的权限等，避免地方财政主体无所适从。

第三节　优化中央—地方应急管理事权、财权

一　合理划分中央与地方应对突发公共事件的权责

（一）按照突发公共事件的级别划分

按照突发公共事件的级别划分，一级以上突发公共事件的应急资金主要由中央政府承担；二级突发事件以地方政府处理为主，中央政府给予一定的财政援助；将三、四级的突发事件处理责任交由地方政府，由地方财政提供资金。

（二）地方政府设立灾害准备金

由地方政府设立灾害准备金，中央政府可提供启动资金支持，并吸纳其他社会力量进行补充。比如灾害一旦发生，优先使用灾害准备金进行灾害救济，如灾害准备金不足以应对应急资金需求，超出部分则由中央政府承担。

（三）规范报告—评估—中央财力补助流程

进一步规范报告—评估—中央财力补助流程，实现报告—评

估—中央财力补助三者之间的有效配合,地方政府根据实际灾情上报中央政府请求财力支持,同时中央政府也应该组织专业的灾情评估小组对灾难损失进行评估,从而提高中央财力援助的准确性与适当性。

二 设计合理的激励机制

设计合理的激励机制,促使地方政府据实申报,承担自身责任。对于上级给下级的资金援助而言,需要构建一套合理、相容的激励机制,将地方政府报告的突发事件准确程度与中央政府的财政援助比例相挂钩。为此,可以设定一个基本的比例线,比如全部救灾资金的60%。由地方政府申报突发事件发生后的损失和所需应急资金,然后由中央政府派出评估小组进入灾区评估。如果报告情况在实际评估结果的60%以上,中央政府可按比例适当调高援助资金。如果低于60%,则按比例调低援助资金。地方报告越准确、真实,越接近中央评估结果,能够得到中央政府的援助比例越高,反之则越低。这样将中央政府与地方政府捆绑在一起,形成利益共同体,从而防范可能发生的道德风险,促使地方政府据实申报,承担自身责任。

综上可知,有效应对公共突发事件是对我国治理体系和治理能力的一大考验,为相关制度的实施不断提出挑战。面对当前中央财政承担了防控支出的较大比例,且地方财政补助支出也不少的局面,将会给我国带来更多的不确定性与风险。比如收支缺口加大,地方政府实施积极财政政策的空间受到制约。未来,中央财政应根据各地防控支出力度,相应加大转移支付,确保"积极的财政政策要更加积极有为"有坚实的财力保障。结合此次新冠肺炎疫情中凸显的短板存在于众多领域,不单单是公共卫生,财政政策补短板，应按照各领域事权和支出责任划分要求推进，权责利明晰，借此机会推动形成与国家治理体系和治理能力现代化目标相适应的宏观调控体系。

第四节　提升应急预算支出的绩效

应对突发的公共事件，应急预算支出的绩效问题是相当重要的。它伴随应急预算管理的全过程，哪个环节没有做到位，都会对后续的应对措施产生不良的影响。为此，从应急预算支出绩效的角度提高我国的应急管理能力是十分必要的。

一　科学划分应急预算支出在各阶段的比重

在应急预算管理中，应急预算的支出可分为三个阶段：事前、事中、事后。对于三个阶段财政资金的使用绩效而言，均有提升的空间，但是着重点不同，所起到的作用也不同。实际上，在应对突发公共事件的整个过程中，为了提高预算资金的使用效率，应当首先做到合理地安排应急预算支出在各个阶段的比重，才能有事半功倍的效果。在应对突发公共事件时，我们应当在事前的预防阶段做好充足准备，这样可以为事中控制以及事后恢复都节约资金上的支出，提升整体的应急预算支出绩效。根据安全经济的基本定量规律，安全保障的预防性投入与事后整改的投入比例是1:5，这在应急预算管理中也可借鉴并合理利用。据此，建议要坚持事前预防和事中控制为主，事后补救为辅的管理工作机制，尽量把应急管理投入环节前移。不断加大对应急管理预警体系的投入力度，支持建立应急管理预防预警体系，提高政府对自然灾害等突发公共事件的预测准确度。

二 有效整合各类资源

政府在应急管理中应该构建一个良好的资源整合机制，从而有效地把国内资源与国际资源、政府资源与市场资源、社会资源整合在一起，提高政府应急管理的综合能力，提升应急预算支出的效率。从我国政府目前的应急管理实践来看，与上述要求还存在一定的差距，主要体现在：一是由于应急管理资源的调度与整合能力不足而导致管理失当，不但影响了资源使用效率，而且增加了应急管理成本；二是突发公共事件处置成本控制能力有待提高，突发事件一旦发生，对应体制一旦开启，我们通常的应对手段是注重追求短期目标的实现，应做长远打算；三是有待建立成本—效率的制度性激励机制。

根据各国的实践经验可知，突发公共事件处理成败的关键点有两个：其一是反应迅速；其二是资源整合，两者都很重要。我国传统的应急管理是分灾种、分部门进行的，其权力的运作流程相对分散。目前，我国的应急管理机制已经开始逐步由非常态向常态转化，由单向分类管理向系统综合管理转变。为了满足应急管理工作的新需要，必须进一步整合分散在各个部门的资金，彻底改变过去资金分配散乱、无序、各自为政的局面。以应急管理职能整合为契机，对分散的资源进行整合，规范预算资金的投入，避免经费的重复安排，统一协调各种资源并实现各种信息资源的共享。

三 强化支出绩效考评

我国在政府的应急管理资金拨付后存在资金浪费的现象。由于突发公共事件发生以后，需要及时处理突发事件，在资金的调配上可能会出现"乱花钱、错花钱"的问题，而且一些单位借应急管理之名，超预算申请财政性资金，造成大量资金闲置在部门，不利于提高资金的使用效率。为了规范应急预算管理，发挥资金效益，提高资金效力，应当在资金链的各个环节加强资金的监督和管理。

（一）严格控制预算的规模

遵循满足需要又不浪费的原则，严格控制预算的规模。将应急管理的日常运转经费纳入年度部门预算，按照部门预算管理的有关规定执行，严格控制该类项目的支出规模。将应急管理的事中控制和恢复重建等经费统一纳入预备费进行核算，不单独设置分类应急项目预算。同时，建立收益—成本支出核算模型，对应急管理预算支出既要考虑项目的短期效益，又要兼顾项目的长期效益；既要考虑项目的收益，又要考虑项目的成本，科学合理地核定项目支出预算。

（二）规范应急管理资金拨付程序

规范应急管理资金拨付程序，全面推行应急管理经费国库集中收付制度，同时加强预算执行监控，建立健全财政国库动态监控体系，确保财政资金使用的规范性。

（三）加强对项目资金的监督管理

加强对项目资金的监督管理，提高资金透明度。建立和完善应急管理资金监管工作机制，加强对预算编制、执行的监督。对应急资金实行事前、事中、事后全过程的监督，保证财政资金的规范性、安全性和有效性。同时，积极推行政务公开，对不涉及国家秘密的应急管理资金的分配使用以及财政预决算等内容，要向全社会公开，接受社会各界和广大人民群众的监督。

（四）建立项目绩效评价体系和评价机构

建立项目绩效评价体系和评价机构，提高应急预算管理中相关公共产品和服务的质量。各级政府部门，尤其是财政部门，在关注资金投入的同时，更多地将注意力转向关注公共资源使用的影响和效果，更多地关注应急管理服务体系的质量和效率。强调结果导向，强调产出和效益。财政部门可以考虑通过调查的方式，让普通百姓对应急管理工作进行评价，并将结果向社会公布，接受社会各界的监督。同时，将绩效考评的结果，作为安排相关预算的依据。此外，可以借鉴印度财政委员会和我国台湾地区专门审议小组的应急支出绩效评价机构，建立相应的应急预算评价机构，从预防、过程和恢复三个方面进行绩效考核，并根据绩效评价的高低，决定是否增加支出，或者进行缩减。

四 加快应急财政资金的拨付速度

应急预算支出绩效的提高，不仅与应急预算支出的数量相关，也在一定程度上受到应急预算资金拨付速度的影响。在此过程中，一个重点和难点问题出现了，即当面对重大突发公共事件造成的灾害时，如何处理好"急事急办"与"制度化管理"之间的矛盾关系，即一方面必须尽量简化救灾款项的拨付程序、实现应急财政资金的快速到位；另一方面又需要将这种简化了的流程或程序纳入特定的制度框架之中加以适当约束。

应急财政资金的拨付涉及财政应急响应级别问题，进而又涉及突发公共事件的危害级别。根据国务院发布的《国家突发公共事件总体应急预案》，按照危害程度、紧急程度和发展态势的不同，将突发公共事件的应急预警响应级别划分为四个等级，即Ⅰ级响应（特别重大）、Ⅱ级响应（重大）、Ⅲ级响应（较大）和Ⅳ级响应（一般）。突发事件的危害等级越高，则相应的财政应急动员和响应级别也就越高，并应据此及时下达相应的处理突发公共事件和救灾款项或转移支付资金;对于据实结算等特殊类型的转移支付,可以分期下达预算,或者采取先预付、后结算的方式;对于紧急情况下特殊用途的救灾资金,财政部门可采取先安排支出或者划拨资金等措施,然后再按程序补办所需的相关手续。

从根本上讲,应急资金拨付是一项集灵活性与原则性于一身的特殊的支出安排,在工作中既要适当简化流程、保证资金的时效性、防止出现资金滞留或缓拨的现象,又必须符合规范化操作的要求,依规则行事,使资金的紧急下达和动用能够经受住制度和时间的检验,这样才能有效提高应急预算支出的绩效水平。

第五节 完善预备费制度

一 对预备费进行基金式管理

现行预备费按照流量式的支出法进行,即当年的预备费一定要在本财政年度内形成财政支出,而无论突发事件是否发生,都要安排出去(如果有资金剩余,要么被预算调整到一般公共预算里统筹使用,要么被调入预算稳定调节基金)。这样就会产生为了支出而支出的情况。实际上,在预备费管理的各国实践中,不乏采用基金式管理的成功案例。例如,美国《斯坦福法案》规定,国家防灾减灾资金实行基金式管理。与之类似,日本、加拿大、澳大利亚等发达国家均有基金形式的应急财政管理模式。基金式管理有助于预备费的滚存积累,从而避免过于频繁的临时性预算调整以及正常开支的强制性缩减。那么,在我国财政预备费管理改革中,也可以考虑引入公开透明的基金式预备费管理方式,并推进国库专户管理,将年末尚未支用的预备费转入基金专户,并谋划保值增值的切实举措。

因此,建议根据现行《预算法》的相关规定,做到以下两点:一是做到每年足额提取预备费;二是在此基础上,转流量式的支出法为基金管理法,分别设立基础预备费基金与协同预备费基金,实行基金式管理。每年设置的预备费都进入预备费基金,预备费严格按照《突发事件应对法》安排支出。如果年末有基金剩余,则不再用于一般性预算支出,可以结转下一年继续使用。这样,就可以使预备费在基金范围内进行体内循环,保证了预备费在上下财政年度间的连续性。

二 提高设置预备费的法定比率

可以由财政部门对近年来突发事件的实际资金需求情况进行科学测算,在一定程度上提高预备费比率的下限,对上限不做要求。

尽管近年来我国财政预备费的绝对数量不断增长,但因社会经济转型过程中的突发事件相对频繁,财政预算对于应急事项的投入仍不敷所需。在2008年之前,我国中央本级预备费的实际计提比例,一直受制于3%的上限。2018年《预算法》修正并未对1%—3%的预备费设置比例加以调整。其实,相比于各国预算管理的规定,1%的提取下限并不是很低,但在实践中预备费提取不足的情况却时有发生。其实,我国可以借鉴发达国家的经验,对预备费提取不设上限,从而预留更大的应急资金弹性提取空间。

三 将预备费从年度预算中独立出来

进行预算制度改革,将预备费从年度预算中独立出来,建立独立的存储账户以便储蓄应对灾难性突发事件的应急资金，应急资金不得随意被提取用于填补其他支出，应急资金的使用既要公开透明又要专款专用，预备费每年的支出情况都要记录在历年决算中。

四 拓宽预备费资金的来源

实际上，我国对于超收收入与预算盈余等都应包含在预备费资金中。因此，建议除了对各级政府的预备费按照各级支出额的一定比率设置外，对每年增加的财政收入和盈余也应按一定比例增加预备费资金。

五 强化人民代表大会常委会对预备费使用的监督

人民代表大会常委会对于预备费的监督仅限于审批决算草案时将其作为一项重点内容加以审查，不利于人民代表大会常委会及时监督预备费的动用情况。这是因为预备费最晚将在财政年度的 12 月底前使用，而人民代表大会常委会对决算草案的批准则通常在下一财政年度的 6 月底，其间至少有半年的时间。加强人民代表大会常委会对预备费的及时监督就显得非常必要。

就目前来看，在我国，一些地方性法规已在加强人民代表大会常委会对预备费使用情况的事后监督方面做了探索。一是备案制，比如《广西壮族自治区预算监督条例》规定，各级政府预备费的动用方案由本级政府决定，并报本级人民代表大会常委会备案。二是报告制，比如《河北省各级人民代表大会常委会预算审查监督条例》规定了预备费使用情况的季报制度，即县级以上人民政府财政部门应当将预备费使用等情况以及本级人民代表大会常委会要求的内容，以文字或者报表形式，按季度报送本级人民代表大会常委会。再如《福建省人民代表大会常委会关于加强预算审查监督工作的决定》要求省级预算执行中预备费动用,应当定期通报省人民代表大会常委会财经委员会。三是审查制,如《北京市预算监督条例》等地方性法规将预备费的使用情况作为人民代表大会常委会对预算执行情况监督的主要内容之一加以规定。

从法理上讲,虽然《预算法》并未直接规定人民代表大会常委会有权监督预备费的使用情况,但该法及《各级人民代表大会常委会监督法》等却规定了人民代表大会常委会对预算的监督权、审查预算执行情况报告权以及涉及预算问题的调查权和质询权,这些权力中蕴含了人民代表大会常委会在预算执行中对预备费使用情况的监督权。简言之,预备费使用权属于政府,对预备费使用情况的监督属于人民代表大会常委会的权力,此项权力的行使在今后需要得到进一步加强。

六 提高预备费设置与使用的透明度

按照《预算法》的规定,经本级人民代表大会或者本级人民代表大会常委会批准的预算、预算调整、决算、预算执行情况的报告及报表,本级政府财政部门应在批准后20日内向社会公开。经本级政府财政部门批复的部门预算、决算及报表,相关部门应在批复后20日内向社会公开。对预算执行和其他财政收支的审计工作报告也应当向社会公开。这些需要向社会公开的报告及报表应当包括预备费的设置和使用等情况。负有公开义务的上述部门如果未依照该规定对预备费等有关预算事项进行公开和说明,新预算法还规定了相应的法律责任,即"责令改正,对负有直接责任的主管人员和其他直接责任人员追究行政责任"。如果行政相对人依法向负有公开预备费使用情况的部门申请公开被拒绝，行政相对人有权向法院提起诉讼，法院应判令被告依法予以公开。向社会公开预备费设置和使用情况，目的在于满足公众的知情权和监督权。而从保障知情权和监督权实现的有效性看，预备费设置和使用情况的公开，不仅要公开得及时，而且需要公开得更加具体，从而真正提高预备费的透明度，提升其使用效率。

第六节　优化应急采购制度

2020年，我国以及世界多国都受到新冠肺炎疫情的强烈冲击，虽然在此之前我国已经颁布了《突发事件应对法》《国家突发公共事件总体应急预案》等来应对公共突发事件，但该法和预案对灾害发生后的物资采购问题，没有做出任何明确法律规定。此外，2014年修订通过的《中华人民共和国政府采购法》却在其附则中对"因严重自然灾害和其他不可抗力事件所实施的紧急采购"进行了例外性排除。只有在2020年遇到新冠肺炎后，为应对此次疫情，我国颁布了《财政部办公厅关于疫情防控采购便利化的通知》（财办库〔2020〕23号），其中较为关键的一条规定为"可不执行政府采购法规定的方式和程序，采购进口物资无需审批"。这是一项重要的应急采购完善措施。

然而，在我国部分省份只是零散地出台一些应急采购管理规定或预案等地方性规范文件，这些分散的制度并不能进行有效配合，形成合力。此外，公共卫生的相关法律、法规中也没有对应急物资的采购问题进行具体的规定。可以看出，我国目前并没有在国家层面形成有效的应急采购制度，然而在实践中都是参照现行的政府采购制度框架执行。当面临新冠肺炎疫情等公共突发事件时候，对医护用品、医药用品的超常需求，形成新中国成立以来较为罕见的结构性"需求失衡"现象，面对这样的新困境，现行政府采购制度的缺陷就显现出来。因此，就需要对现行政府采购制度进行重新思考，并且有必要建立中国特色的应急采购制度。

一　建立中国特色应急采购制度的理论基点

建立中国特色的应急采购制度，在理论上需建立在两方面基础之上：一是以人民为本；二是保证有效性。首先，"以人民为本"就是说，政府采购要把满足人民需要，尤其是在紧急情况中要把满足人民健康权和生命权的需要作为最高原则和宗旨，这也是应急采购的最重要的目标。其次，保证有效性指的是政府在采购的过程中，要保障支出的每一分钱都能体现出其价值所在、满足人民的需求，避免资源的浪费，否则会造成不良的社会影响。同时可以在一定程度上降低成本，并且可以为人民谋求更多的福利，这在总体上与以人民为本的理论思想形成呼应，体现出了"以人民为本"的采购制度。可见，"以人为本"与"有效性"两者相辅相成。

二　应急采购需要形成政府与市场的合力

我国从建立社会主义市场经济以来，取得了很大的成就。探究其中的成功原因，很重要的一方面是做到了"有为政府"和"有效市场"的有机结合。因此，在应对重大突发公共事件上也应当做到这一点，并且十分重要。比如此次新冠肺炎疫情的突然暴发，致使医疗用品和医护用品迅速成为急需物资，如何处理好资源的稀缺性与资源的优化配置的关系就显得尤为重要。为此，

"有为的政府"需具备战略思维,即要做到在政府指引之下,让市场在资源配置中起决定性作用。对于我国应急采购制度的完善,也应当据此展开,主要包含以下两点。

(一)政府做到"有为",需要在制度上改进,积极引导资源配置

具体改进可以从三方面进行。首先,对现行采购制度中的缺失部分,如战略采购规划制度、全球采购供应链体系建设、采购审计与反腐败制度进行补充,从而防止因制度缺失而引发措手不及的问题。其次,对现有采购制度优势要继续坚持执行。比如,保持良好的透明度。最后,对现有采购制度中的不必要程序进行删除或简化。

(二)对于市场的有效性来说,其本身要抓住政府为之创造的优良制度环境,积极实现资源的优化配置

具体从两方面展开。首先,政府营造良好的政府采购营商环境,让各类市场主体包括国际供应商都能够参与到采购供应链体系中。其次,市场主体发挥在资源搜寻、资源规划和资源配送等方面的优势,实现紧缺资源优化配置。最终形成政府与市场的有效合力。

三 明确应急采购制度的功能

优化我国的应急采购制度,首先需要做到"以人民为本""保证有效"以及形成政府与市场的合力,这是大的方向与前提,不能动摇。在此基础之上,需要具体明确应急采购制度的改进措施。具体体现在以下几个方向。

(一)更好地发挥政府的作用,让采购真正服务于人民

应急采购的优化要定位于满足人民的需要,同时对于相应的

规则要逐步放松并简化。具体来讲，从以下四个方面进行。

（1）成立应急采购团队，给予采购人员对标书内容、采购方式、合同条款充分的决策权。（2）灵活的采购方式和程序。对紧急状况进行分级管理，特别紧急的事项，可以直接购买；中等紧急的事项，可以采用限制竞争的单一来源采购，也可以采用框架协议的方式进行采购，可以重复授予合同；不紧急的情况，可以参照现行制度进行采购，允许简化采购文件、采购时间和采购流程。（3）简化合同。可以简化合同内容，可以采用意向合同，不具备签约条件的情况下，可以采用扫描版的电子文件预签约，随后邮寄纸质文件补充。（4）采购监督，以互联网公开为主，对采购文件和采购合同等做到全部公开。

（二）要以战略性思维构建采购规划制度

其本质就是建立战略采购规划制度，目的是给不确定性事件的应对注入确定性，当突发公共事件发生时政府手中有"粮食弹药"，可以配置到应急一线，也可以用来熨平市场价格波动，引导预期。最为关键的是，战略采购规划制度重在平时，政府在日常要做好"战"时物资储备，供应商甄别和培养，人才的培养等工作。

（三）认清采购的模式，有效发挥市场的资源配置作用

我国政府采购和财政性投资项目支出大，但竞争机制不健全，未能很好发挥政策功能，应按照《深化政府采购制度改革方案》的精神导向，建立与支持创新相适应的政府采购交易制度，并推动降低财政成本。为此，需要在采购规则中对于联合采购给予清晰的认知，明确其适用的范围。此外，充分利用联合采购的优势，其优势在于可以创造规模效应以及培育供应商。我们不应单纯注重联合采购的规模效应，紧急状态下联合采购的供应商的

培育优势也是较为明显的，比如从我国应对新冠肺炎疫情的经验可以看出，各部门各自为政分散采购，往往会导致资源配置失序，这时联合采购就可以借助前期储备的供应商，充分调动市场的力量，提高配置效率，理顺供应秩序。

财政政策特别是支出任务，有赖企业、个人等微观主体去完成，不同主体实施的长期效果存在差异。我们要吸取 2008 年国际金融危机期间经济刺激计划的经验教训，提高政府采购和项目招投标的包容性，有效发挥市场的资源配置作用。首先，积极鼓励中小企业、个体户、自然人及其联合体参与竞争，让新的历史条件下的积极财政政策惠及更大群体；其次，应确保公共服务供给多元化，政府提供、市场提供、志愿提供并举，通过对比参照推动提高供给效率。

（四）构建全球供应链，进一步激活市场的作用

习近平总书记强调"主动向世界开放市场的决心不会有任何动摇"，从应对新冠肺炎疫情的过程中可以看出，人民的恐慌性和预防性购买，让国内市场迅速转为卖方市场，政府采购的发力空间和议价空间有限，资源也难以有效配置到需求的第一线。因此，需要在应急采购制度中设置建设全球供应链的条款，主动建设全球供应链体系，可以为国内供给市场增添活力，这也是应对新冠肺炎疫情的重要举措。

第七节　本章小结

2020 年，我国受到了新冠肺炎疫情的冲击，其传播速度快、影响范围广、防控难度大，是新中国成立以来前所未有的突发公共事件。作为应对此类突发公共事件的重要方式之一的应急预算

管理，对其重要性的认识需要提升到一个新高度。此外，我国在进入新时代的同时也逐渐步入新的发展格局，即以国内大循环为主体、国内国际双循环相互促进的格局。为了更好构建新格局、充分满足人民的需要、有效防范与化解各类风险，需要在及时发现应急预算管理问题的基础上，采取积极有效的措施来解决。本章基于当前应急预算管理存在的主要问题与矛盾，探究了相应的应对策略，从改革公共预算、加强应急预算管理法制化建设、合理划分中央与地方的应急管理的财权、事权、提升应急预算支出绩效、完善预备费制度以及优化应急采购制度等方面，提出了相应的建议措施，试图为我国从容应对各类突发公共事件提供更加坚实而有力的保障，并为促进经济社会的高质量发展，构建以国内大循环为主体、国内国际双循环相互促进的格局，防范化解重大风险，实现中华民族的伟大复兴奠定基础。

第八章　远期策略：单设一本应急预算

在现行预算体系中单设一本应急预算是财政匹配提升国家治理能力的需要。

2019年11月，习近平总书记在主持中共中央政治局第十九次集体学习时指出，应急管理是国家治理体系和治理能力的重要组成部分。作为非常态的管理活动，突发事件应急管理在国家治理体系和治理能力中举足轻重。国家治理体系和治理能力现代化是常态治理体系和治理能力现代化与非常态治理体系和治理能力现代化的统一体。应急管理是人类社会发展面临的共同挑战。进入21世纪以来，全球应急突发事件频繁发生，影响范围广，破坏程度重。2020年1月，新冠肺炎疫情突然袭来，国内外不同地区防控疫情的应急管理能力有差异，体现出了区域、国家治理能力的差异，抗击新冠肺炎疫情的实践证明了我国的国家能力是明显优于其他国家和地区的。我国推进国家治理现代化，要不断加强应急管理体系和能力现代化建设，减少甚至避免突发事件对经济社会造成的损失，变危为机，切实保障人民群众生命安全与身体健康。

应急管理属于政府"兜底"的基本公共服务，需要充分发挥财政作为国家治理的基础和重要支柱在应急管理中的职能作用，大力提供公共产品和公共服务有效供给，构建社会稳定的"防火墙"。应急管理不仅要求政府要有钱、花好钱，并且需要在应急管理中管理好这些钱，因此做好应急预算成为应急管理的关键所在，从近期来看，需要完善我国政府预算相关政策措施；从长远来看，建议建立健全我国应急预算制度，在我国现行政府预算体系中增设一本应急预算，以应对应急管理的资金运行，解决突发事件出现后的"现找钱"问题，将风险管理及控制纳入财政管理，为及时化解公共危机提供财力保障，这对于加强应急管理体系和能力现代化建设，提升国家治理能力具有重要的实践意义。

第一节 应急预算框架设计

一 我国现行政府预算体系及应急支出分布

（一）我国现行政府预算体系

根据我国《预算法》的规定，我国现行政府预算体系包括四本预算：一般公共预算、政府性基金预算、国有资本经营预算、社会保险基金预算。

一般公共预算是对以税收为主体的财政收入，安排用于保障和改善民生、推动经济社会发展、维护国家安全、维持国家机构正常运转等方面的收支预算。政府性基金预算是对依照法律、行政法规的规定在一定期限内向特定对象征收、收取或者以其他方式筹集的资金，专项用于特定公共事业发展的收支预算，根据基金项目收入情况和实际支出需要，按基金项目编制，以收定支。国有资本经营预算是对国有资本收益做出支出安排的收支预算，按照收支平衡的原则编制，不列赤字，并安排资金调入一般公共预算。社会保险基金预算是对社会保险缴款、一般公共预算安排和其他方式筹集的资金，专项用于社会保险的收支预算，按照统筹层次和社会保险项目分别编制，做到收支平衡。

一般公共预算、政府性基金预算、国有资本经营预算、社会保险基金预算保持完整、独立。政府性基金预算、国有资本经营预算、社会保险基金预算应当与一般公共预算相衔接。

（二）我国现行预算中应急支出的分布情况

目前我国的应急支出安排在一般公共预算中，但分属多个部门管理。

1. 应急管理部负责自然灾害和安全生产事故

2018年，为防范化解重特大安全风险，健全公共安全体系，我国设立了应急管理部，将国家安全生产监督管理总局的职责，国务院办公厅的应急管理职责，公安部的消防管理职责，民政部的救灾职责，国土资源部的地质灾害防治，水利部的水旱灾害防治，农业部的草原防火，国家林业局的森林防火相关职责，中国地震局的震灾应急救援职责以及国家防汛抗旱总指挥部、国家减灾委员会、国务院抗震救灾指挥部、国家森林防火指挥部的职责进行了整合，公安消防部队、武警森林部队转制后，与安全生产等应急救援队伍一并作为综合性常备应急骨干力量，由应急管理部管理，实行专门管理和政策保障。考虑到中国地震局、国家煤矿安全监察局与防灾救灾联系紧密，划归应急管理部管理。应急管理部负责自然灾害和安全生产事故。

需要说明的是，按照分级负责的原则，一般性灾害由地方各级政府负责，应急管理部代表中央统一响应支援；发生特别重大灾害时,应急管理部作为指挥部,协助中央指定的负责同志组织应急处置工作,保证政令畅通、指挥有效。应急管理部要处理好防灾和救灾的关系,明确与相关部门和地方各自职责分工,建立协调配合机制。

2. 应急支出管理的其他部门

除了应急管理的专门机构应急管理部外,还有以下应急支出管理的参与部门:公安部门负责社会安全事件,卫生健康部门负责公共卫生事件,农业农村部门负责动物疫情及农业安全生产事件,市场监管部门负责流通领域安全事件,住房和城乡建设部门、交通运输部门、文化和旅游部门等负责各自领域突发事件的处置。

二 调整我国现行政府预算体系:增加一本应急预算

我国目前的应急管理资金来源包括各级财政的预备费、预算稳定调节基金,以及应急管理部门、公安部门、卫生健康部门、农业农村部门、市场监管部门等部门的相应应急管理资金。此外,从我国多次重大灾害和重大突发事件的灾后恢复重建来看,还通过预算调整及其他融资渠道筹措资金,2008年,为了支持汶川地震灾后恢复重建,国务院决定建立中央财政灾后恢复重建基金。2003年,中央财政设立非典型肺炎防治基金,基金总额20亿元,从总预算预备费中安排。主要用于:农民和城镇困难群众中非典型肺炎患者的救治工作;中西部困难地区县级医院的应急改造和购置治疗非典型肺炎的医疗设备;支持非典型肺炎防治的科技攻关等。国务院为支持中西部地区疾病控制机构的建设,在已安排20亿元国债资金的基础上,再安排9亿元;为支持中国疾病预防控制中心一期工程建设,安排专项资金6亿元①。2020年政府工作报告提出，今年赤字率拟按3.6%以上安排，财政赤字规模比去年增加1万亿元，同时发行1万亿元抗疫特别国债。这是特殊时期的特殊举措。上述2万亿元全部转给地方，建立特殊转移支付机制，资金直达市县基层、直接惠企利民②。

我国目前的应急管理支出是按政府职责分工分别进行的，各职能部门仅负责业务系统内的突发事件应对及相应物资储备，部门间联动性较差，应急管理仍然较为分散，应急资源综合协调和调拨难度大，其主要原因在于缺乏制度化的应急预算安排。因此，需要将来自应急管理部及其他部门安排的应急支出合为一体，全面反映应急预算收支的情况，并从现行一般公共预算中分离出来，采取与一般公共预算相对独立并列的"一揽子"应急预算的编制方案，在现行四本预算的基础上增加一本应急预算，逐步建立健全完整的、具有中国特色的应急预算制度，以支持有效预防、科学处置和灾后恢复重建各个环节工作的有序进行（见图8-1）。

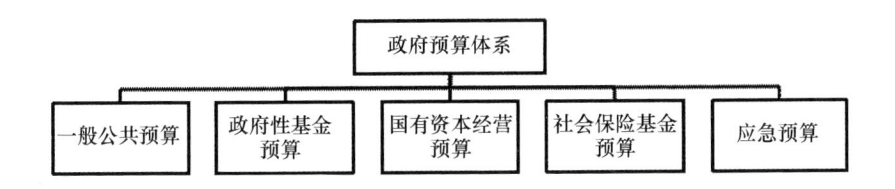

图8-1 调整我国现行政府预算体系：增加一本应急预算

① 《国务院成立防治"非典"指挥部 中央设立20亿元基金》，2020年10月22日，中国新闻网（https://www.chinanews.com/n/2003-04-23/26/297024.html）。

② 《政府工作报告：今年赤字率拟按3.6%以上安排 发行1万亿元抗疫特别国债》，2020年10月22日，中国新闻网（https://www.chinanews.com/gn/2020/05-22/9191481.shtml）。

三 应急预算框架设计

（一）应急预算收入框架

一是年度预算安排的相关管理部门的防灾减灾经费。[①]

二是预备费。提高预备费提取比例，压缩一般行政性支出，在现行《预算法》第四十条规定的各级政府预算应当按照本级政府预算支出额的1%—3%设置预备费的基础上，再提高1个百分点，即按照本级政府预算支出额的2%—4%设置预备费，同时，对当年预备费结余，原则上不再用于当年一般性预算支出，允许将其结转到下年继续滚存使用。

三是预算稳定调节基金。根据《预算法》第四十一条的规定，各级一般公共预算按照国务院的规定可以设置预算稳定调节基金，预算稳定调节基金结余，原则上不再用于当年一般性预算支出，允许将其结转到下年继续滚存使用。

四是专项拨款。针对突发事件的财政专项拨款。

五是社会捐赠。对于突发事件发生后接受的社会捐赠，及时调整应急预算安排。

六是突发事件发生后，上级财政对本级财政的转移支付资金。

七是突发事件发生后，根据国务院和财政部的指示压缩的支出指标而节约的资金。

八是应对突发事件发行的专项债券。[②]

九是公益性彩票收入。

[①] 如地震部门为监测预报地震灾害而发生的费用；或者为应对某种可预见的突发公共事件安排的预算支出，如农业部门在病虫害控制、灾害救助方面所做的财政预算支出；或者在突发公共事件发生后为受灾地区恢复重建安排的财政支出等。

[②] 例如，我国2020年应对新冠肺炎疫情发行的1万亿元抗疫特别国债。

第八章
远期策略：单设一本应急预算

十是设立国家应急管理基金[①]，作为应急预算的长期稳定的收入来源。参照科技、文化、农业、政企合作、融资担保等基金设立模式，研究设立国家应急管理基金。多元筹措资本金，中央和地方从每年财政收入增量中按一定比例划拨，亦可引入国际国内金融资本、社会资本、私人资本入股，中央设立母基金，各省设立子基金。按照相关法律规定，组建应急管理基金股份有限公司，各省设立分公司，隶属财政部，实施垂直管理。实行市场化运作，正常年度通过市场化运作实现保值增值，遇突发事件年度则安排应急预算支出。

（二）应急预算支出框架

一是应急管理部门的常态化支出。年度预算安排的应急管理部门的防灾减灾经费支出。建议将现行政府收支科目的一般公共预算支出科目中的突发公共卫生事件应急处理支出等划归应急管理部门统一管理。

二是突发事件发生时的应急拨款支出。主要反映预备费、预算稳定调节基金、专项拨款、社会捐赠、突发事件发生后上级财政对本级财政的转移支付资金、根据国务院和财政部的指示压缩的支出指标而节约的资金、国家应急管理基金而进行的应急拨款支出。

三是灾后的恢复重建支出。主要反映应对突发事件发行专项债券等安排的支出。

我国 2020 年应对新冠肺炎疫情发行了 1 万亿元抗疫特别国债，现在的做法是，财政部修订了 2020 年政府收支分类科目[②]，

[①] 王泽彩、王敏：《创新应急管理财政政策的若干思考》，《中国行政管理》2020 年第 5 期。

[②] 《关于修订 2020 年政府收支分类科目的通知》（财预〔2020〕61 号），财政部预算司，http://yss.mof.gov.cn/zhengceguizhang/202006/t20200622_3536929.htm。

增设部分分类科目，将1万亿元抗疫特别国债纳入政府性基金科目管理，新设了一类抗疫特别国债安排的支出，在这一类之下设了基础设施建设和抗疫相关支出。其中基础设施建设具体细分为12个领域，也就是抗疫特别国债在基建投资的重点领域，分别为：公共卫生体系建设、重大疫情防控救治体系建设、粮食安全、能源安全、应急物资保障、产业链改造升级、城镇老旧小区改造、生态环境治理、交通基础设施建设、市政基础设施建设、重大区域规划基础设施建设和其他基础设施建设。在抗疫相关支出方面，细分为6个领域：减免房租补贴、重点企业贷款贴息、创业担保贷款贴息、援企稳岗补贴、困难群众基本生活补助和其他抗疫相关支出。①

在一般公共预算收入科目中，增设了1个新科目，即从抗疫特别国债调入一般公共预算。在一般公共预算支出中，新增了3个科目，分别是减免房租补贴、重点企业贷款贴息和应急物资储备。

建议将设置在一般公共预算及政府性基金预算中相关抗疫特别国债的收支内容纳入应急预算中的灾后恢复重建支出，对于应急资金设置"一个进口""一个出口"统筹管理。

第二节　应急预算编制与审批

一　应急预算编制的原则

（一）统筹编制

应急预算由各级应急管理部门统筹编制，具体反映各级政府

---

① 其中，减免房租补贴是针对承租中小微企业和个体工商户减免房租的房东给予的补贴。重点企业指的是疫情防控重点保障企业以及疫情防控工作突出的其他企业。

应急资金的规模和结构。

（二）专款专用

应急预算资金，专款专用，不得挤占或挪作他用。

（三）单独编报

相对独立，有机衔接。在预算体系中，应急预算单独编报，与一般公共预算和政府性预算相对独立、有机衔接。应急预算资金不能用于平衡一般公共预算，一般公共预算可补助应急预算资金。

（四）收支平衡，留有结余

应急预算应该坚持收支平衡，适当留有结余。

（五）跨年预算平衡

实行跨年预算平衡机制，增强各年度之间财政支出的连续性，进而确保国家社会发展政策、宏观经济调控政策和对外开放政策的连续性与稳定性。

二 应急预算编制和审批

应急管理部门编制，财政部门审核后，由财政部门和应急管理部门联合报本级人民政府审批。

财政部门和应急管理部门联合报本级人民政府审批后，报上一级财政部门和应急管理部门。省级财政部门和应急管理部门将本省（区、市）应急预算草案报本级人民政府后，报财政部和应急管理部。

全国应急预算草案由应急管理部汇总编制，财政部审核后，由财政部和应急管理部联合向国务院报告，由国务院向全国人民代表大会报告。

第三节　应急预算执行

一　设置应急预算资金专户

（一）我国现行的国库单一账户体系

我国政府预算执行是通过国库单一账户体系来运作的，所有政府收支都纳入国库单一账户体系管理，收入直接缴入国库或财政专户，支出通过国库单一账户体系，支付到商品和劳务供应者或用款单位。国库单一账户体系由下列银行账户构成。

1. 国库单一账户

国库单一账户为财政部门在中国人民银行开设的国库存款账户，用于记录、核算和反映政府收入和支出的活动，并用于同财政部门在商业银行开设的零余额账户进行清算，实现支付。

2. 零余额账户

零余额账户与财政部门在中国人民银行开设的国库单一账户相互配合，构成财政资金支付过程的基本账户。为了保证财政资金在支付实际发生前不流出国库单一账户，我国实行先由代理银行支付，每日终了再由代理银行向国库单一账户要款清算的方式，日终余额为零。零余额账户包括以下两种。

一是财政部门零余额账户。财政部门按资金使用性质在商业银行开设的零余额账户，用于财政直接支付和与国库单一账户进行清算。

二是预算单位零余额账户。财政部门为预算单位在商业银行开设的零余额账户，用于财政授权支付和与国库单一账户进行清算。预算单位零余额账户可以办理转账、提取现金等结算业务，可以向本单位按账户管理规定保留的相应账户划拨工会经费、住房公积金及提租补贴，以及财政部门批准的特殊款项，不得违反规定向本单位其他账户和上级主管单位、所属下级单位账户划拨资金。

3. 非税收入财政专户

一是非税收入财政专户。非税收入财政专户由财政部门在商业银行开设，按收入和支出设置分类账，用于记录、核算和反映非税收入的收支活动，用于非税收入资金的日常收支清算。

二是非税收入财政汇缴专户。非税收入财政汇缴专户由财政部门为执收单位在非税收入收缴代理银行开设，用于单位非税收入收缴，以及与非税收入财政专户进行清算。

4. 特设专户

特设专户是经国务院批准或国务院授权财政部批准为预算单位在商业银行开设的特殊专户，用于记录、核算和反映预算单位的特殊专项支出活动，并用于与国库单一账户清算。由于我国现在处于改革和发展的关键时期，现阶段政策性支出项目还比较多，对某些需要通过政策性银行封闭运行的资金支出，如粮食风险基金、养老、医疗保险基金等，对资金的支出有特殊要求，需要设置特殊专户管理。

（二）设置应急预算资金专户

由于应急预算资金具有专款专用、需要紧急快速下达、集中管理、统筹安排等特点，为了减少下达过程中的中间拨款环节，建议在现行的国库单一账户体系中增设应急预算资金专户，用于记录、核算和反映应急预算资金的专项支出活动，并用于与国库单一账户清算。设置应急预算资金专户后，应急预算资金由财政部拨付省级财政国库单一账户，由国库集中支付至市县应急预算资金专户集中使用，也有利于在预算管理中对于应急预算资金运作的监督和绩效评价。增设应急预算资金专户后的国库单一账户体系如图8-2。

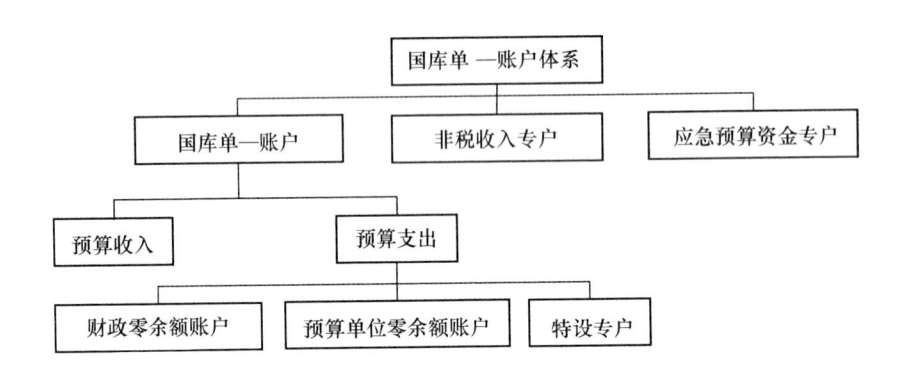

图 8-2 增设应急预算资金专户后的国库单一账户体系

二 应急预算资金拨付

(一) 应急管理部门常态化支出的资金拨付

应急管理部门常态化支出的资金拨付，按照不同的支付主体，对不同类型的支出，分别实行财政直接支付和财政授权支付。

1. 财政直接支付

财政直接支付由财政部门开具支付令，通过国库单一账户体系，直接将财政资金支付到收款人（即商品和劳务供应者，下同）或用款单位账户。实行财政直接支付的支出包括以下两个方面。

一是工资支出、购买支出以及中央对地方的专项转移支付，拨付企业大型工程项目或大型设备采购的资金等，直接支付到收款人。

二是转移支出（中央对地方专项转移支出除外），包括中央对地方的一般性转移支付中的税收返还、原体制补助、过渡期转移支付、结算补助等支出，对企业的补贴和未指明购买内容的某些专项支出等，支付到用款单位（包括下级财政部门和预算单位，下同）。

2. 财政授权支付

预算单位根据财政授权，自行开具支付令，通过国库单一账户体系将资金支付到收款人账户。实行财政授权支付的支出包括未实行财政直接支付的购买支出和零星支出。

（二）突发事件发生时的应急拨款和灾后的恢复重建拨款

1. 实行特殊转移支付机制

突发事件发生时的应急拨款和灾后的恢复重建拨款实行特殊转移支付机制，与过去转移支付有很大不同，过去中央的转移支付是首先转给省级政府，由省级政府具体安排，特殊转移支付机制是"直达基层"，直接开出清单，明确每笔转移支付资金直接给到哪个基层城市，不再从省政府"过手"，保证转移支付资金能及时、全部下达到市县，省级财政部门只需当好"过路财神"即可。

2. 实行预拨清算制度

对于突发事件发生时的应急拨款，建立中央、省级应急预算资金预拨清算制度，实行先预拨、后清算，只要应急预案一启动，就即时启动应急预算资金的预拨方案，通过国库单一账户体系即时预拨到市、县应急预算资金专户统一使用，等灾情过后按照各级政府分级负担原则再进行分级清算，并将拨付情况和金额及时向社会公布。

3. 专款专用

使用单位在预算执行中，应严格遵守财政部制定的财务管理和会计核算制度，在规定的开支范围与开支标准内使用，不得与单位其他资金和正常经费混淆，也不得擅自改变支出用途，确保应急预算资金专款专用，并按同级财政部门的要求及时报送资金的使用情况。

三 应急预算调整

建立应急预算调整授权机制。在《预算法》中建立应急状态下的应急预算调整授权机制，赋予中央和地方政府一定数额内的预算调整权以用于财政应急。应急状态期间，政府先向同级人民代表大会常务委员会进行备案；应急状态结束之后，再由政府于同级人民代表大会会议期间作出应急性预算调整的报告说明，由审计部门对政府的应急性预算调整行为进行合法性审查和绩效评估，同时根据情况进行追责。这种应急性预算调整程序实现了从事前审查批准到事后备案监督的转变，既解决了预备费供给不足的问题，也有效避免了正常的预算调整程序流于形式，在事实上保障了人民代表大会对应急预算调整的审查批准权[①]。

第四节 应急决算

一 应急决算编制

应急预算资金使用单位按照财政部统一要求以及同级财政部门的有关规定，根据年度相关应急预算执行情况，编制应急决算，报同级财政部门审核。

---

① 陈征、周智博：《应急预算法制的反思与展望——兼论〈预算法〉的完善》，《北京理工大学学报》（社会科学版）2021年第4期。

二 应急决算审查和批准

各级财政部门汇总编制本级应急决算草案，报同级人民政府审定后，再报同级人民代表大会常务委员会审查批准。

财政部汇总中央和地方应急决算，形成全国应急决算草案，经国务院审定后，报全国人民代表大会常务委员会审查批准。

第五节 应急预算绩效评价

在现代政府预算管理中，预算绩效管理占有十分重要的地位，既是加强财政资金规范、高效运作的需要，又是提高政府行为透明度、加强社会公众监督、实施政府民主、廉洁执政的需要。应急预算绩效评价是政府预算绩效管理的重要组成部分，建立"花钱必问效、无效必问责"的绩效管理机制，有利于落实资金使用单位的主体责任，切实提高应急预算项目的资金配置和使用效益。

一 应急预算绩效评价的原则

应急预算绩效评价应当遵循以下基本原则。

（一）科学公正

绩效评价应当运用科学合理的方法，按照规范的程序，对项目绩效进行客观、公正的反映。

（二）统筹兼顾

单位自评、部门评价和财政评价应职责明确，各有侧重，相互衔接。单位自评应由项目单位自主实施，即"谁支出、谁自评"。部门评价和财政评价应在单位自评的基础上开展，必要时可委托第三方机构实施。

（三）激励约束

绩效评价结果应与预算安排、政策调整、改进管理实质性挂钩，体现奖优罚劣和激励相容的导向：有效要安排、低效要压减、无效要问责。

（四）公开透明

绩效评价结果应依法依规公开，并自觉接受社会监督。

二 应急预算绩效评价的主体与客体

（一）应急预算绩效评价的主体

应急预算绩效评价主体可以包括单位自评主体、主管部门评价主体、财政部门评价主体、社会公众或行政相对人，以及特定评估主体等。通过科学地选择评价主体，在全社会形成"鱼缸效应"，也就是使应急预算资金的收支活动就像鱼缸中的金鱼一样，时时刻刻都受到大众的审视和评判。

（二）应急预算绩效评价的客体

应急预算绩效评价的客体具体包括以下五个方面。

1. 财政应急预算综合绩效

财政应急预算综合绩效，是对一级政府或一定区域的财政应急预算绩效进行综合评价，不仅评价应急预算支出产生的经济效益，还要评价应急预算支出产生的社会效益、环境效益、生态效益等。

2. 部门应急预算绩效

部门应急预算绩效，指各级政府的组成机构或承担相应公共应急职能，取得本级财政应急预算资金的部门（包括作为一个预算单位的财政部门）预算执行结果与预算目标之间的对比。

3. 单位预算绩效

财政应急预算资金使用单位是指预算部门所属财政应急预算

资金的具体使用或财政应急预算资金支付项目的组织实施机构。单位财政预算应急预算绩效评价是对执行预算单位的预算执行结果与预算目标之间的对比。

4. 财政应急预算支出项目绩效

财政应急预算支出项目是指财政应急预算资金的基本使用对象。项目支出绩效评价是指财政部门、预算部门和单位，依据设定的绩效目标，对项目支出的经济性、效率性、效益性和公平性进行客观、公正的测量、分析和评判。

5. 应急财政政策绩效

应急财政政策是指在一定时间内，由财政预算安排，具有专门用途和政策目标的财政应急预算专项资金政策，以及上级财政对下级财政的应急预算专项转移支付政策。应急财政政策绩效评价是对应急财政政策开展的事前绩效评估、绩效目标管理、绩效跟踪、绩效评价及评价结果应用的评价。

三　应急预算绩效评价的基本内容、指标及评价标准

（一）应急预算绩效评价的基本内容

一是绩效目标的设定情况。

二是资金投入和使用情况。

三是为实现绩效目标采取的措施。

四是绩效目标的实现程度及效果。

五是绩效评价的其他内容。

（二）应急预算绩效评价指标

一是单位自评指标。单位自评指标是指预算批复时确定的绩效指标，包括项目的产出数量、质量、时效、成本，以及经济效益、社会效益、生态效益、可持续影响、服务对象满意度等。

单位自评指标的权重由各单位根据项目实际情况确定。原则上预算执行率和一级指标权重统一设置为：预算执行率10%、产出指标50%、效益指标30%、服务对象满意度指标10%。如有特殊情况，一级指标权重可做适当调整。二、三级指标应当根据指标重要程度、项目实施阶段等因素综合确定，准确反映项目的产出和效益。

二是财政和部门绩效评价指标。财政和部门绩效评价指标的确定应当符合以下要求：与评价对象密切相关，全面反映项目决策、项目和资金管理、产出和效益；优先选取最具代表性、最能直接反映产出和效益的核心指标，精简实用；指标内涵应当明确、具体、可衡量，数据及佐证资料应当可采集、可获得；同类项目绩效评价指标和标准应具有一致性，便于评价结果相互比较。

财政和部门评价指标的权重根据各项指标在评价体系中的重要程度确定，应当突出结果导向，原则上产出、效益指标权重不低于60%。同一评价对象处于不同实施阶段时，指标权重应体现差异性，其中，实施期间的评价更加注重决策、过程和产出，实施期结束后的评价更加注重产出和效益。

（三）应急预算绩效评价标准

应急预算绩效评价标准是指以一定量有效样本数据为基础，利用数理统计的原理进行预测和分析而得出的标准样本数据。根据这些标准样本数据能够将应急预算支出行为的优劣等特征通过量化的方式进行具体量度。评价标准的正确取值，关系到最终评价结果的高低、优劣，在整个评价体系中至关重要。在具体评价行为中，评价标准提供了支出水平可能达到的绩效区间，评价者可以清晰判断财政支出所达到的效果、实现的绩效水平所处的位置及与优秀水平的差距，从而有效实现财政政策和财政预算绩效的计量化，为决策提供科学依据。

第八章
远期策略：单设一本应急预算

应急预算绩效评价标准通常有行业标准、计划标准、历史标准和经验标准四种类型。

一是行业标准，是以一定行业许多群体的相关指标数据为样本，运用数理统计方法计算和制定出的该行业评价标准。采用行业标准便于财政管理部门对各类支出项目的绩效水平进行历史的、横向的比较分析，通过评价结果总结出一定时期内同类支出项目应达到的经济效率或有效水平，并为加强支出管理提供科学标准。行业标准的充分应用需要以强大的数据资料库做支撑。

二是计划标准，是指以事先制定的目标、计划、预算、定额等预定数据作为评价财政预算绩效的标准。计划标准通过将实际完成值与预定数据进行对比，发现差异并达到评价目的。计划标准比较适用于部门和项目评价。但由于计划标准往往受主观因素的影响，其制定要求相应较高。

三是历史标准，是以本地区、本部门、本单位或同类部门、单位、项目的绩效评价指标的历史数据作为样本，运用一定的数理统计方法计算出的各类指标的平均历史水平。历史标准也可以是该地区、部门、单位或项目过去形成的某个数据，如上年实际数据、上年同期数据、历史最好水平等。由于历史标准具有较强的客观性和权威性，在实际操作中得到了广泛的应用。但实际运用时要注意对历史标准进行及时的修订和完善，尤其要注意剔除价格变动、数据口径不一致和核算方法改变所导致的不可比因素，以保证历史标准符合客观实际情况。

四是经验标准，是根据长期的财政经济活动发展规律和管理实践，由在财政管理领域有丰富经验的专家学者，经过严密分析研究后得出的有关指标标准或惯例。经验标准具有较强的公允性和权威性，但在财政预算绩效评价体系中，不是所有的指标都有经验标准可供使用，其适用范围比较局限。经验标准适用于缺乏同行业比较资料，尤其是缺乏行业标准时的绩效评价。

四 应急预算绩效评价的方法

（一）单位自评方法

单位自评采用定量与定性评价相结合的比较法，总分由各项指标得分汇总形成。

一是定量指标得分。定量指标得分按照以下方法评定：与年初指标值相比，完成指标值的，记该指标所赋全部分值；对完成值高于指标值较多的，要分析原因，如果是由于年初指标值设定明显偏低造成的，要按照偏离度适度调减分值；未完成指标值的，按照完成值与指标值的比例记分。

二是定性指标得分。定性指标得分按照以下方法评定：根据指标完成情况分为达成年度指标、部分达成年度指标并具有一定效果、未达成年度指标且效果较差三档，分别按照该指标对应分值区间100%—80%（含）、80%—60%（含）、60%—0合理确定分值。

（二）财政和部门评价方法

财政和部门评价的方法主要包括成本效益分析法、比较法、因素分析法、最低成本法、公众评判法、标杆管理法等。根据评价对象的具体情况，可采用一种或多种方法。

一是成本效益分析法，是指将投入与产出、效益进行关联性分析的方法。

二是比较法，是指将实施情况与绩效目标、历史情况、不同部门和地区同类支出情况进行比较的方法。

三是因素分析法，是指综合分析影响绩效目标实现、实施效果的内外部因素的方法。

四是最低成本法，是指在绩效目标确定的前提下，成本最小者为优的方法。

五是公众评判法，是指通过专家评估、公众问卷及抽样调查等方式进行评判的方法。

六是标杆管理法，是指以国内外同行业中较高的绩效水平为标杆进行评判的方法。

七是其他评价方法。

财政和部门评价根据需要可委托第三方机构或相关领域专家（以下简称第三方，主要是指与资金使用单位没有直接利益关系的单位和个人）参与，并加强对第三方的指导，对第三方工作质量进行监督管理，推动提高评价的客观性和公正性。

五 应急预算绩效评价计分

应急预算绩效评价计分过程，就是紧密围绕预算绩效评价体系、评价方法、评价指标和评价标准值等，采取一定的计分原则和数据处理手段，把分层的评价指标体系转化为评价分数，形成针对应急预算绩效评价的量化结论，是绩效评价必不可少的重要一环。预算绩效评价计分系统程序为：一是对评价指标的无量纲化处理；二是对评价指标的权重设置；三是对评价指标的加权综合计分。

（一）评价指标的无量纲化处理

由于应急预算绩效评价不仅包括一般意义上的经济效益评价，也包括社会效益评价和生态环境效益评价，同时还包括政治的、经济的、文化的、科学的等多种表现形式的效益评价，需要分别设置不同层次的定量指标和定性指标，由于每个指标的内容和量纲各不相同，不能直接得出综合的评价结论，必须对定量指标和定性指标分别采取不同的科学处理方法进行无量纲转化。

一是定性指标的无量纲化。对定性指标的无量纲化主要是由评价人员凭借自己的学识和经验，根据评价对象在某一方面的表现，采用主观分析判断的方法确定评价指标达到的等级，再根据相应的等级参数和指标权数计算得分，也就是通常所说的综合分析判断法。

二是定量指标的无量纲化。定量指标的无量纲化一般是由评价人员借助一定的计算模型和计算公式，运用一定的评价标准，对指标实际数值进行计算处理，得出相关指标的评价分数。常用的方法是功效系数法①。

（二）评价指标权重设置方法

指标权重又称"指标权数"，它是指在一个指标集合体中各个指标所占的比重，在指标体系一定的情况下，权重的变化直接影响评价结果。根据财政预算绩效评价指标体系和评价标准体系的特点，德尔菲法②和层次分析法③是较为理想的两种指标权重赋值方法。

---

① （1）传统的功效系数法采用的计算公式（采用百分制）是：某项指标分数 = 60 + （指标实际值 - 指标不允许值）/（指标满意值 - 指标不允许值）×40。这里的"指标不允许值"和"指标满意值"就是评价标准，需要根据指标的内容和性质来确定。

（2）在实际评价工作中，可以根据财政预算绩效评价体系的特点，将评价标准设置成多个档次，对传统的功效系数法进行相应的改进。改进后的功效系数法的计算公式为：单项指标分数 = 本档基础分 + （指标实际值 - 本档标准值）/（上档标准值 - 本档标准值）×（上档基础分 - 本档基础分）。

② 德尔菲法又称专家意见法。用德尔菲法确定指标权数，是根据指标对评价结果的影响程度，由相关专家结合自身经验和分析判断来确定指标权数，通常是采取专家调查问卷的形式，对回收的问卷进行统计分类后，将每个指标进行运算，将运算结果再次征求专家意见，最后确定各指标的权重。

③ 层次分析法的基本思想是把复杂问题分解为各个组成元素，将这些元素按支配关系分组形成有序的阶梯结构，根据一定的比率标度，通过两两比较将判断量化，形成比较判断矩阵并计算确定层次各元素的相对重要性。其具体步骤是首先计算各层次指标单排序权值，其次计算各层指标相对于总目标的组合排序权值，最后以此决定各元素相对重要性的排序。

（三）应急预算绩效评价计分结果表示

在应急预算绩效评价计分过程中，完成评价指标的无量纲化转换和指标的权重赋值后，根据各项指标的权数进行加权汇总综合，得出量化的绩效评价结果。绩效评价结果采取评分和评级相结合的方式，具体分值和等级可根据不同评价内容设定。总分一般设置为100分，等级一般划分为四档：90（含）—100分为优、80（含）—90分为良、60（含）—80分为中、60分以下为差。

六 应急预算绩效评价的程序

第一，确定绩效评价对象和范围。

第二，下达绩效评价通知。

第三，研究并制订绩效评价工作方案。

第四，收集绩效评价相关数据资料，并进行现场调研、座谈。

第五，核实有关情况，分析形成初步结论。

第六，与被评价部门（单位）交换意见。

第七，综合分析并形成最终结论。

第八，提交绩效评价报告。

第九，建立绩效评价档案。

七 应急预算绩效评价结果应用及公开

单位自评结果主要通过项目支出绩效自评表的形式反映，做到内容完整、权重合理、数据真实、结果客观。财政和部门评价结果主要以绩效评价报告的形式体现，绩效评价报告应当依据充分、分析透彻、逻辑清晰、客观公正。

各部门应按要求将部门评价结果报送本级财政部门，评价结果作为本部门安排预算、完善政策和改进管理的重要依据；财政评价结果作为安排政府预算、完善政策和改进管理的重要依据。原则上，对评价等级为优、良的，根据情况予以支持；对评价等级为中、差的，要完善政策、改进管理，根据情况核减预算。对不进行整改或整改不到位的，根据情况相应调减预算或整改到位后再予以安排。

各级财政部门、预算部门应当按照要求将绩效评价结果分别编入政府决算和本部门决算，报送本级人民代表大会常务委员会，并依法予以公开。

第六节 应急预算监督

应急预算监督是政府预算管理的重要组成部分，是保证国家应急预算资金分配政策实施和宏观调控目标实现的重要手段。实施有效的应急预算监督，能够及时发现应急预算管理中的偏差和问题并予以纠正，可以有效防止财政领域违法、违规、违纪行为，防范财政风险。

一 应急预算的监督体系

应急预算的监督从体系上包括五个层次：立法机关监督、财政监督、审计监督、社会中介机构监督和舆论监督。

(一) 立法机关监督

立法机关（在我国为全国人民代表大会及其常务委员会）对应急预算的监督主要通过两种方式，一是通过立法实施监督，二是日常监督。立法监督渗透于整个财政管理监督之中。立法监督分成两个层次，宪法和一般的法规。对于权力机关而言，宪法层次的监督是其所特有的并且是根本的，因为宪法直接决定着其他监督机构的地位和权限。日常监督主要是对预算执行和财政管理中的某些重要事项进行日常监控。

（二）财政监督

财政监督是指在应急预算编制和执行过程中，财政部门对应急预算的监督，是预算监督体系的中坚力量。财政部门在财政管理的过程中，依照法定的权限和程序，对应急预算的合法性、真实性、有效性实施审查和稽核。

（三）审计监督

审计监督是指由国家审计部门根据有关经济资料和法律法规，审核和稽查被审计单位的财务收支活动、经济效益和财经纪律遵守情况等。审计监督在应急预算监督中发挥着关键作用。

（四）社会中介机构监督

社会中介机构，如会计师事务所、审计师事务所，其监督权力实际上来源于前面三者财政监督职能的部分让渡以及预算单位内部监督社会化的要求。社会中介机构对预算单位的监督是对财政部门和审计监督的有益补充。预算单位自身也要设立监督机制，称为内部监督。

（五）舆论监督

舆论监督贯穿于预算监督的各个环节。由于舆论将应急预算从编制到执行的全过程，以及决算情况置于公民监督之下，特别是通过广播、电视、报纸、网络等新闻媒体传播信息，速度快、影响广，对应急预算监督的实施具有十分重要的作用，所以舆论监督在预算监督体系中占有特别重要的地位。

在应急预算监督的过程中，各级人民代表大会要协同各级政府、财政部门、审计部门等建立协同配合机制，以形成应急预算监督的制度合力。

二 应急预算的监督方式

(一) 事前监督

事前监督是对尚未付诸实施的应急预算事项进行的审查和监督，可以有效防范、阻止不允许进行的非法的或者没有效益的业务活动，能较好地起到预防和降低财政风险的作用。

(二) 事中监督

事中监督的重点是对过程的控制，并以检查监督客体发生在经济事项运行过程当中的行为是否符合要求为重要工作目标。事中监督的优点是能够从应急预算资金的运行过程中及时发现存在的问题；能够及时纠正发现的问题；能够及时修正预防措施中的偏差。

(三) 事后监督

事后监督是一种由点到面并且逐步进行延伸的监督检查活动，它比事前监督、事中监督工作过程中所涉及的内容更丰富、接触到的层面更加广泛。因此，事后监督不仅能够从对应急预算资金运用结果的审核、检查中发现存在于各个管理环节上的问题，而且可以通过获得的实际结果进一步审查、分析、判断和评价经济管理工作的整体效果，有针对性地提出提高经济效益的合理化建议。

(四) 专项监督

专项监督是指监督主体通过对国家机关、企事业单位、其他经济组织等监督客体中已经发生或已经结束的某种经济活动、某类经济行为、某一具体业务项目的事实以及结果的合法性、合规性、合理性、真实性、完整性，以及出现的某些特定问题依法进行的监督检查。从现实情况看，财政监督主体根据应急预算管理需要和监督检查工作中暴露出来的难点、热点和重大问题，有针对性地开展应急预算资金的事后专项检查，因为需要大量临时决定的事项很难保证完全合规。

（五）个案检查

个案检查是指根据上级批示的群众举报案件，以及日常监督检查和专项检查中发现的线索，组织力量进行检查核证。检查结束要向上级和有关部门报告查处情况，并对查处的违法违纪问题进行严肃处理。

三　应急预算监督的内容

（一）对应急预算编制的监督

第一，应急预算的编制是否符合《预算法》等相关法律法规和国家的有关经济政策。

第二，收入预算是否将全部应急预算资金包括在内。

第三，应急预算收入预测是否基于实际情况，预测指标是否科学合理。

第四，支出预算是否按照零基预算法进行编制，人员公用经费支出是否按照标准测定人员经费和公用经费，项目支出是否进行成本收益分析并按轻重缓急安排预算支出。

（二）对应急预算执行的监督

对应急预算执行监督的重点是预算支出。主要监督以下两个方面。

第一，预算执行中是否切实按照审批通过的预算进行，做到专款专用，预算资金的使用是否考虑效益。

第二，预算追加追减的调整是否符合要求，追加追减预算是否通过审批。

（三）对应急决算的监督

应急决算监督在决算上主要检查是否按照规定与现实情况准确编制决算。

四 应急预算监督的手段

加快实施应急预算监督手段的网络化、信息化，一方面，应急预算资金管理要定期对外公开，每年发布经过独立审查的相关财务报表，并在网站上定时更新和发布应急预算收支信息；另一方面，通过建立预算单位财政财务信息数据库，采集分析预算、国库、行政事业单位预算、资产等信息，实时监控并结合针对性的现场监督检查，及时发现并解决问题，促进预算单位完善内部管理，提高应急预算资金使用效益和预算单位财政管理水平。

第七节 本章小结

从长远来看，建议在我国现行政府预算体系中增设一本应急预算，解决突发事件出现后的"现找钱"问题，将财政风险管理及控制纳入财政管理的目标，本章从应急预算管理流程的视角进行了探讨：在应急预算管理编制方面，规范创新应急预算收支框架，设立国家应急管理基金，作为应急预算长期稳定的收入来源，对应急资金设置"一个进口""一个出口"进行统筹管理。在应急预算执行方面，为了减少下达过程中的中间拨款环节，建议在现行的国库单一账户体系中增设应急预算资金专户，以适用应急预算资金的专款专用、需要紧急快速下达、集中管理、统筹安排等特别要求，并对突发事件发生时的应急拨款和灾后的恢复重建拨款实行特殊转移支付机制，应急预算资金直达基层。在应急预算绩效评价方面，从应急预算绩效评价的原则、应急预算绩效评价的主体与客体、应急预算绩效评价的基本内容、指标及评价标准、应急预算绩效评价的方法、应急预算绩效评价计分、应急预算绩效评价的程序以及应急预算绩效评价结果应用及公开等维度大致勾勒了应急预算绩效评价框架。在应急预算监督方面，分析了应急预算的监督体系及监督方式，梳理了应急预算监督的内容，建议加快实施应急预算监督手段的网络化、信息化，以提高应急预算资金使用效益。

参考文献

马克思：《哥达纲领批判》，中共中央马克思恩格斯列宁斯大林著作编译局，中国人民大学出版社2018年版。

江泽民：《全面建设小康社会，开创中国特色社会主义事业新局面》，人民出版社2002年版。

习近平：《决胜全面建成小康社会 夺取新时代中国特色社会主义伟大胜利——在中国共产党第十九次全国代表大会上的报告》（2017年10月18日），人民出版社2017年版。

陈建华：《中国应急预算管理与改革》，经济管理出版社2018年版。

刘尚希：《公共风险论》，人民出版社2018年版。

沈荣华：《国外防灾救灾应急管理体制》，中国社会出版社2008年版。

王宏伟：《重大突发事件应急机制研究》，中国人民大学出版社2010年版。

赵朝峰：《新中国成立以来中国共产党的减灾对策研究》，北京师范大学出版社2013年版。

中共中央宣传部、中华人民共和国外交部编：《习近平外交思想学习纲要》，人民出版社、学习出版部2021年版。

参考文献

［美］弗兰克·H. 奈特：《风险不确定性与利润》，安佳译，商务印书馆2006年版。

［英］亚当·斯密：《国民财富的性质和原因的研究》，郭大力、王亚南译，商务印书馆1972年版。

习近平：《落实责任完善体系整合资源统筹力量 全面提高国家综合防灾减灾救灾能力》，《中国应急管理》2016年第7期。

白彦锋、李泳禧：《重大疫情下的财税政策研究——对美国经验的借鉴与启示》，《财政科学》2020年第2期。

陈华、刘荣：《公共危机财政应急机制构建：以汶川地震为例》，《保险研究》2008年第6期。

陈建华：《我国应急预算管理体制亟待破题》，《中国财政》2019年第2期。

陈建奇、刘雪燕：《中国财政可持续性研究：理论与实证》，《经济研究参考》2012年第2期。

陈景耀：《对当前中国财政可持续发展的探讨》，《经济科学》2000年第4期。

陈体贵：《突发事件中事权与支出责任的法律配置——以抗击新冠肺炎疫情为视角》，《地方财政研究》2020年第4期。

陈征、周智博：《应急预算法制的反思与展望——兼论〈预算法〉的完善》，《北京理工大学学报》（社会科学版）2021年第4期。

陈治：《我国财政应急机制的反思与重构》，《经济法论坛》2014年第2期。

崔军、孟九峰：《关于完善我国应急预算管理制度的探讨》，《财政研究》2009年第6期。

崔军、杨琪：《政府间应急财政责任分担机制的借鉴与启示：基于美国和澳大利亚的经验》,《中国行政管理》2013 年第 5 期。

戴磊:《以抗击新冠肺炎疫情为切入点强化区级财政应急资金管理——以 A 市 X 区为例》,《预算管理与会计》2020 年第 3 期。

邓晓兰、陈宝东:《经济新常态下财政可持续发展问题与对策——兼论财政供给侧改革的政策着力点》,《中央财经大学学报》2017 年第 1 期。

杜恒:《应急财政资金为什么难以管理》,《中国党政干部论坛》2011 年第 3 期。

冯俏彬:《我国应急财政资金管理的现状与改进对策》,《财政研究》2009 年第 6 期。

冯俏彬:《"十四五"时期我国财政要统筹发展与安全》,《经济观察报》2020 年 11 月 30 日第 4 版。

冯俏彬:《新冠疫情折射下的我国应急财政管理制度》,《财政科学》2020 年第 4 期。

冯俏彬、侯东哲:《财政救灾的国际比较》,《电子科技大学学报》(社科版) 2011 年第 6 期。

冯俏彬、刘敏、侯东哲:《我国应急财政资金管理的制度框架设计——基于重大自然灾害的视角》,《财政研究》2011 年第 9 期。

冯俏彬、郑朝阳:《我国应急物资储备中的相关财政问题研究》,《地方财政研究》2014 年第 1 期。

高培勇:《防治"非典"与财税安排:影响及对策》,《税务研究》2003 年第 6 期。

国家发改委经济研究所课题组、刘国艳、王元、王蕴、刘雪燕、许生:《积极财政政策转型与财政可持续性研究》,《经济研究参考》2012 年第 2 期。

郭玉清：《逾期债务、风险状况与中国财政安全——兼论中国财政风险预警与控制理论框架的构建》，《经济研究》2011 年第 8 期。

韩伟、邵威：《基于预备费视角的应急财政管理》，《燕山大学学报》（哲学社会科学版）2012 年第 3 期。

黄样兴：《加强应急资金管理的思考》，《江西政报》2008 年第 19 期。

贾晓璇：《简论公共产品理论的演变》，《山西师大学报》（社会科学版）2011 年第 2 期。

江月：《借鉴日本救灾预算管理经验建立我国救灾预算制度》，《财会研究》2008 年第 21 期。

金磊：《城市综合减灾的应急管理模式及方法》，《北京规划建设》1997 年第 3 期。

金磊、李玮：《试论中国灾害医学的建立及其哲学思考》，《医学与哲学》1993 年第 8 期。

李娅：《基于公共财政的突发事件应急机制研究》，《中国应急管理》2009 年第 12 期。

李燕：《财政中期（多年滚动）预算：借鉴与实施》，《财政研究》2006 年第 2 期。

李志文：《浅议突发公共事件中公共财政应急反应机制的完善》，《山东行政学院学报》2011 年第 1 期。

林鸿潮：《公共应急管理中的市场机制：功能、边界和运行》，《理论与改革》2015 年第 3 期。

林晓丹：《基于财政应急管理视角的预备费管理研究——我国应对新冠肺炎疫情的经验及启示》，《预算管理与会计》2020 年第 11 期。

刘海二：《汶川地震启示：必须建立有效的灾害预算》，《地方财政研究》2008年第11期。

刘荣、陈华：《公共危机财政应急机制构建：以汶川地震为例》，《地方财政研究》2008年第6期。

刘尚希：《财政风险：一个分析框架》，《社会观察》2003年第1期。

刘尚希：《财政风险：防范的路径与方法》，《财贸经济》2004年第12期。

刘尚希、陈少强：《构建公共财政应急反应机制》，《财政研究》2003年第8期。

刘尚希、李成威、杨德威：《财政与国家治理：基于不确定性与风险社会的逻辑》，《财政研究》2018年第1期。

刘笑萍：《借鉴国际经验建立我国财政预算的应急储备机制》，《经济社会体制比较》2009年第1期。

吕冰洋、李钊：《疫情冲击下财政可持续性与财政应对研究》，《财贸经济》2020年第6期。

马蔡琛、隋宇彤：《预算制度建设中的财政预备费管理：基于国际比较的视角》，《探索与争鸣》2015年第10期。

马蔡琛、赵笛：《公共卫生应急资金的绩效管理——基于新冠肺炎疫情的考察》，《财政研究》2020年第9期。

马骏、刘亚平：《中国地方政府财政风险研究："逆向软预算约束"理论的视角》，《学术研究》2005年第11期。

祁毓：《公共财政视角下我国应对公共危机的财政能力评价及建议》，《地方财政研究》2008年第6期。

钱洪羽：《论应急管理中的财政资金及财力保障体系规划建设》，《审计与理财》2019年第1期。

秦锐：《完善财政防灾救灾管理机制》，《中国财政》2011年第7期。

沈荣华、周定财：《公共危机治理中政企协同研究》，《行政论坛》2017年第5期。

宋玉芳：《核事故医学应急救援的组织与管理》，《解放军医学杂志》1993年第1期。

苏明、刘彦博：《我国加强公共突发事件应急管理的财政保障机制研究》，《经济与管理研究》2008年第4期。

苏明、王敏：《我国应急管理财政支出政策研究》，《中国应急管理》2015年第2期。

孙开：《应急财政资金的保障机制与制度化管理研究》，《财贸经济》2013年第3期。

孙膺武：《〈哥达纲领批判〉中两种扣除和社会主义价格形成基础问题初探》，《财政研究》1985年第1期。

孙玉栋、王强：《财政应对突发公共卫生事件的制度逻辑及其机制完善》，《改革》2020年第4期。

滕宏庆：《我国中央与地方政府应急预算法制化研究》，《法学论坛》2011年第3期。

田春兰：《灾害情报在减灾中的作用》，《灾害学》1993年第2期。

王爱学、赵定涛：《西方公共产品理论回顾与前瞻》，《江淮论坛》2007年第4期。

王德迅：《日本灾害管理体制改革研究——以"3·11东日本大地震"为视角》，《南开学报》（哲学社会科学版）2016年第6期。

王东生：《从SARS疫情看公共财政建设》，《山西财税》2003年第 8 期。

王敏:《应急管理财政政策的国际经验及启示》,《财政科学》2020 年第 4 期。

王维舟:《加快建立应急预算制度》,《四川财政》2003 年第 9 期。

王雍君:《经济学视角的公共预算分析:关于方法论的探讨》,《经济与管理评论》2020 年第 4 期。

王泽彩、王敏:《创新应急管理财政政策的若干思考》,《中国行政管理》2020 年第 5 期。

王振宇:《汶川自然灾害与财政作用机制的合理构建》,《地方财政研究》2008 年第 6 期。

温海滢:《论中国突发性公共事务的财政投入方面存在的问题与对策》,《经济纵横》2006 年第 7 期。

武靖州:《公共风险视角下财政政策目标重构与转型研究》,《财政研究》2020 年第 11 期。

武玲玲、常延岭、彭青:《完善我国应急财政资金管理的途径》,《河北经贸大学学报》2015 年第 4 期。

许飞琼、华颖:《举国救灾体制下的社会参与机制重建》,《财政研究》2012 年第 6 期。

鄢奋:《现代西方公共产品理论的借鉴与批判》,《当代经济研究》2012 年第 10 期。

闫坤、鲍曙光:《"十四五"时期我国财政可持续发展研究》,《财贸经济》2020 年第 8 期。

闫天池、李宏:《应对突发事件的财政保障机制研究》,《中央财经大学学报》2012 年第 12 期。

杨波:《论社会扣除理论与社会经济中的分配与调控》,《财政研究》2009 年第 8 期。

姚东旻：《由新冠肺炎疫情看公共卫生应急管理体系中的中央与地方关系》，《中国财政》2020 年第 10 期。

叶保均：《震情应急业务的管理》，《华南地震》1988 年第 1 期。

余永定：《财政稳定问题研究的一个理论框架》，《世界经济》2000 年第 6 期。

翟晓敏、盛昭瀚、何建敏：《辅助应急管理系统的设计与实现》，《东南大学学报》1998 年第 4 期。

张超：《浅析当前我国公共财政的应急反应机制》，《福建商业高等专科学校学报》2010 年第 3 期。

张海波：《中国总体国家安全观下的安全治理与应急管理》，《中国行政管理》2016 年第 4 期。

张磊：《贯彻落实总体国家安全观，坚持统筹发展和安全》，《求知导刊》2019 年第 17 期。

张维平：《政府财政应急风险预警管理的主要问题与对策创新》，《中国行政管理》2015 年第 1 期。

张学诞、邬展霞：《构建适应中国特色应急管理需求的财政治理体系》，《财政研究》2020 年第 4 期。

张振川：《财政风险分析与防范》，《河北大学学报》（哲学社会科学版）2004 年第 3 期。

钟锡钦：《金融危机后中国出口贸易变化及分析》，《改革与开放》2012 年第 13 期。

周克清：《论中国应灾性预算制度的软肋及其完善》，《中央财经大学学报》2010 年第 2 期。

周品爱：《构建公共财政应急机制应对公共风险》，《中共桂林市委党校学报》2008 年第 2 期。

周旭霞、包学松：《构建公共财政应急机制》，《中共杭州市委党校学报》2003年第5期。

周阳：《科学界定央地权责 推进应急管理体制现代化——解读〈应急救援领域中央与地方财政事权和支出责任划分改革方案〉》，《中国应急管理》2020年第8期。

朱俊杰：《论我国应急财政的问题及改进对策——基于预备费视角》，《财政监督》2019年第2期。

朱青：《防控"新冠肺炎"疫情的财税政策研究》，《财政研究》2020年第4期。

邹新凯：《应对突发事件的财政预备费：制度反思与类型化补正》，《中国行政管理》2020年第10期。

赵要军、陈安：《公共财政应急支持体系构建——以云南大姚地震为例》，《西北地震学报》2008年第2期。

赵要军、陈安：《地震类突发事件中的公共财政应急机制》，《自然灾害学报》2010年第1期。

郑洁：《突发公共事件的财政应急管理机制研究》，《财经问题研究》2013年第4期。

国务院：《国务院办公厅关于印发国家突发事件应急体系建设"十三五"规划的通知》（国办发〔2017〕2号），2017年7月19日。

国务院：《国家突发公共事件总体应急预案》，2006年1月8日。

国务院：《国务院办公厅关于成立国务院抗震救灾指挥部和建立国务院防震减灾工作联席会议制度的通知》（国发办〔2000〕17号），2000年2月24日。

国务院办公厅：《汶川地震灾后恢复重建对口支援方案》（国办发〔2008〕53号）。

参考文献

［日］内阁府：《日本的灾害对策》，2011年。

［日］内阁府：《防灾白书附属资料》，令和2年。

Alvin H. Mushkatel and Louis F. Weschler Source，"Emergency Management and the Intergovernmental System"，*Public Administration Review*，Vol. 45，Jan. 1985.

Buchanan，J. M.，"An Economic Theory of Clubs"，*Economica*，Vol. 32，No. 125，1965.

Cigler，B. A.，*Emergency and Public Administration*，Springfield：Charles C. Thomas Publisher，1998.

Donahue，A. K. and P. G. Joyce，"A Framework for Analyzing Emergency Management with an Application to Federal Budgeting"，*Public Administration Review*，Vol. 61，No. 6，November/December 2001.

Dynes R. R.，Quarantelli E. L.，"Helping Behavior in Large Scale Disasters,"Disaster Research Center，1980.

Governments，Coa.，"National Strategy for Disaster Resilience"，*Australian Journal of Emergency Management*，No. 27，2011.

Hume，D.，"A Treatise of Human Nature 1"，A More Pertinent Reference，1978.

Hopmann，P. T. and C. F. Hermann，"International Crises：Insights from Behavioral Research"，*The American Political Science Review*，1974.

IMF，Policy Responses to COVID-19，8 July 2020.

Landesman，L. Y. and R. V. Burke，*Public Health Management of Disasters：The Practice Guide*，Washington D. C.：American Public Health Association，2001.

McEntire, David A., "Searching for a Holistic Paradigm and Policy Guide: A Proposal for the Future of Emergency Management", *International Journal of Emergency Management*, Vol. 1, No. 3, 2003.

Painter W. L., "The Disaster Relief Fund: Overview and Issues", *Current Politics and Economics of the United States, Canada and Mexico*, No. 21, 2019.

Rosenthal, U., Charles, M. T., Hart, P. T., *Coping with Crises: The Management of Disasters, Riots and Terrorism*, Springfield: Charles C. Thomas Publisher, 1989.

Schneider S. K., "FEMA, Federalism, Hugo, and'Frisco", *Publius The Journal of Federalism*, Vol. 20, No. 3, 1990.

Suzanne Boccia, "Not Out of Control: Analysis of The Federal Disaster Spending Trend," Naval Postgraduate School, March 2016.

U. S. Government Accountability Office, "Disaster Relief Fund: FEMA's Estimates of Funding Requirements Can Be Improved," 2000.

Vageesh and Jain, "Financing Global Health Emergency Response: Outbreaks, Not Agencies", *Journal of Public Health Policy*, December 2019.

Williams G., Batho S., Russell L., "Responding to Urban Crisis: The Emergency Planning Response to the Bombing of Manchester City Centre", *Cities*, Vol. 17, No. 4, 2000.

William J. Petak, "Emergency Management: A Challenge for Public Administration", *Public Administration Review*, Vol. 45, Jan., 1985.

后　　记

本书为 2020 年中国人民大学科学研究基金项目"建立我国应急预算制度问题研究"的研究成果之一。该项目负责人为中国人民大学财政金融学院的王秀芝教授；中国人民大学财政金融学院岳树民教授，北京市人大常委会预算工作委员会袁永宏副处长，中国人民大学财政金融学院博士研究生李振、王斌、王春参与了项目研究。本书各章具体执笔分工如下：第一章，王秀芝、王春；第二章和第六章，王春；第三章和第七章，李振；第四章和第五章，王斌；第八章，王秀芝；总审校，王秀芝。

本书在研究、写作、出版过程中得到了各级领导的关心和大力支持，中国人民大学对本研究项目给予了资助，中国社会科学出版社马明编辑给予了大力帮助，在此一并表示衷心感谢。政府预算研究领域的许多前辈、专家、学者等的研究成果为本书提供了大量有价值的借鉴与启示，在此也表示衷心感谢。

王秀芝
2021 年 12 月 10 日